"马克思主义理论与思想政治教育研究"丛书

马克思主义中国化的经验研究

孙文亮 邹丽萍 吕学山 楚爱丽 | 编著

中央编译出版社
Central Compilation & Translation Press

图书在版编目（CIP）数据

马克思主义中国化的经验研究 / 孙文亮编著. —北京：中央编译出版社，2019.12
 ISBN 978-7-5117-3814-1

Ⅰ.①马… Ⅱ.①孙… Ⅲ.①马克思主义-发展-研究-中国 Ⅳ.①D61

中国版本图书馆CIP数据核字（2019）第283700号

马克思主义中国化的经验研究

出 版 人：葛海彦
出版统筹：贾宇琰
责任编辑：李媛媛
责任印制：刘　慧
出版发行：中央编译出版社
地　　址：北京西城区车公庄大街乙5号鸿儒大厦B座（100044）
电　　话：(010) 52612345（总编室）　　(010) 52612335（编辑室）
　　　　　(010) 52612316（发行部）　　(010) 52612346（馆配部）
传　　真：(010) 66515838
经　　销：全国新华书店
印　　刷：北京紫瑞利印刷有限公司
开　　本：710毫米×1000毫米　1/16
字　　数：251千字
印　　张：15.75
版　　次：2019年12月第1版
印　　次：2019年12月第1次印刷
定　　价：80.00元

网　　址：www.cctphome.com　　邮　　箱：cctp@cctphome.com
新浪微博：@中央编译出版社　　　微　　信：中央编译出版社(ID: cctphome)
淘宝店铺：中央编译出版社直销店(http://shop108367160.taobao.com)
　　　　　(010)55626985

本社常年法律顾问：北京市吴栾赵阎律师事务所律师　闫军　梁勤
凡有印装质量问题，本社负责调换，电话：(010) 55626985

前　言

人类总是以新的兴趣、新的眼光和新的思维，来不断地重新理解历史、发现历史。"每次都在其中看出新的方面，每次都以新近走过的道路的全部经验来补充对过去的理解。"（赫尔岑语）

时至今日，当历史的车轮进入21世纪的第三个十年之际；当中国国力空前强盛，中国道路越来越引发世人的瞩目与惊叹时：我们也总是在不断思考，中国取得如此惊人成就的原因何在？

一方面，我们可以将之归结为中国独特的文化思想底蕴。中国有悠久的不间断的五千年的文明史，是世界上最伟大的民族之一，创造了灿烂辉煌的中华文明，为人类社会的发展做出了卓越的贡献。传统文化的深厚底蕴，溶入中国人的血液，深深烙入中国人的脑海，深刻影响了中国人的性格及其处事方式。

但另一方面，近代以来，中国却落伍了，战乱频仍、山河破碎、民不聊生。为了民族的复兴，无数仁人志士，前仆后继，启蒙与救亡，进行了各种各样的尝试。一次次失败，一次次奋起，始终未能改变旧中国社会的性质和中国人民的悲惨命运。

思想是行动的先导，近代中国的落后和被动挨打，没有先进思想的指导是其根本原因。十月革命一声炮响，给中国送来了马克思主义。先进的中国知识分子，勇敢地拿起了这个思想武器，他们从马克思列宁主义的科学真理中看到了解决中国问题的出路。从此,在近代以后的中国社会的剧烈运动中、在中国人民打倒列强除军阀的激烈斗争中、在马克思列宁主义同中国工人运动的结合过程中,具有先进指导思想的中国共产党于1921年诞生了。中国共产党主动担负起为人民谋幸福、为民族谋复兴的历史使命,中国人民从此由精神上的被动转向主动。

马克思主义是关于自然界、人类社会、人类思维发展的一般规律的理论体系。习近平《在哲学社会科学工作座谈会上的讲话》指出:"马克思主义揭示了事物的本质、内在联系即发展规律,是'伟大的认识工具',是人们观察世界、分析问题的有力思想武器;马克思主义具有鲜明的实践品格,不仅致力于科学'解释世界',而且致力于积极'改变世界'。"马克思主义自诞生以来,就始终牢牢"占据着真理和道义的制高点"。

中国共产党从诞生开始,就努力探索马克思主义同中国的实际相结合,并取得了一定的成果。将马克思主义与中国的实际相结合,就是马克思主义的中国化。虽然,马克思主义中国化的进程并不是一帆风顺的,但它始终是中国共产党人的重大时代课题,这既是马克思主义理论发展的内在要求,也是解决中国实际问题的客观需要。

马克思主义的中国化,就是把马克思主义基本原理同中国具体实际和时代特征结合起来,运用马克思主义的立场、观点、方法来研究和解决中国革命、建设、改革中的实际问题;就是总结和提炼中国革命、建设、改革的实践经验,从而认识和掌握客观规律,为马克思主义理论宝库增添新的内容;就是运用中国人民喜闻乐见的民族语言来阐述马克思主义理论,使之成为具有中国特色、中国风格、中国气派的马克思主义。

从1921年中国共产党成立至今,在中国革命、建设和改革的历史进程中,马克思主义中国化实现了两次大的历史飞跃。第一次是发生在新民主主义革命时期,形成了毛泽东思想。第二次是发生在社会主义进入改革开放的新时期，形成了包括邓小平理论、"三个代表"重要思想、科学发展观、习近平新时代中国特色社会主义思想在内的中国特色社会主义理论体系。马克思主义中国化的这两次历史飞跃，所形成的理论成果，极大地丰富和发展了马克思主义，不断开辟了马克思主义在中国发展的新境界。

历史和实践已经证明并将继续证明，马克思主义中国化的两次巨大历史飞跃所形成的理论成果，已经成为并将继续成为中国革命和建设以及改革开放各项实践的正确指导思想。

当下，做好马克思主义的中国化，必须要坚持做到以下几个问题：

第一，要坚持对马克思主义典籍的阅读，要充分把握其精髓，做到真正的"理解"，活学活用。若连马克思主义的经典都不能理解，则无异于"两脚书橱"，死搬套用马克思的观点，是错误的，运用到关系到国计民生的大事上，则害人不浅。

第二，要对中国的国情充分把握，这同样是关系马克思主义中国化的重大问题。世易时移，新陈代谢，层出不穷。如果不能做到对现实国情的充分理解，也就不能实现马克思主义中国化。

第三，如果改革永远在路上，那么马克思主义的中国化也永远在路上，永远是一个进行时态。

第四，马克思主义与中国传统文化，并不矛盾。并不能因为马克思主义是一个"舶来品"，就认为是对中国传统文化的扬弃。真理面前人人平等，真理并无中外古今之分。诸如古人强调"知行合一"，马克思主义也强调"理论要和实践相结合"，毛泽东指出"真理的标准只能是社会的实践"，邓小平提出"实践是检验真理的唯一标准"等。

第五，坚持马克思主义中国化中形成的一些普遍真理。

本书所收入的文章，从"马克思主义指导下的经济建设经验""马克思主义指导下的文化建设经验""马克思主义指导下的社会建设经验""马克思主义指导下的生态环境建设经验""马克思主义指导下的高校建设经验"等方面出发,来探讨马克思主义中国化的发展。马克思主义中国化是一个长期的宏大的课题,由于我们的水平有限,兼之时间紧迫,书中所反映的观点,定有不妥或不当之处,衷心敬请学界批评指正,提出宝贵意见,以便改正,使之不断趋于完善。

目 录

第一篇 马克思主义指导下的经济建设经验

对高质量发展条件下潍坊市开放发展思路和布局的思考 …… 3
对加快山东海洋强省建设和发展问题的认识 …………… 11
改革开放视域下以特色旅游助推潍坊发展 ……………… 21
"三权分置"改革下农民增收及路径研究 ………………… 31
"以人民为中心"思想视角下的五大发展理念探析 ……… 46

第二篇 马克思主义指导下的文化建设经验

文化视阈下新型城镇化发展的逻辑 ……………………… 57
论"五个文明"协调发展与文明社会转型提升 …………… 65
民族自信与民族精神建设 ………………………………… 70

第三篇 马克思主义指导下的社会建设经验

转换人类心态 构建和谐社会 …………………………………… 83
贯彻精准扶贫思想,全面建成小康社会 ………………………… 89
新时代条件下我国老龄产业发展研究 …………………………… 97
新时代推进马克思主义大众化应理顺的几个关系 …………… 108
中国社会组织管理体制改革发展研究 ………………………… 118
新时代潍坊加强离退休干部组织管理的思考 ………………… 135

第四篇 马克思主义指导下的生态环境建设经验

马克思主义生态观视域下的低碳经济发展路径研究 ………… 147
"美丽中国"的多重涵义解读 …………………………………… 157
农村居民在农村生态文明建设中的作用 ……………………… 164
略论潍坊休闲型城市建设的优势和路径 ……………………… 174

第五篇 马克思主义指导下的高校建设经验

过程系统论视阈下地方高校大学生科技创新活动体系构建研究 …… 185
思想政治教育视阈下的高校辅导员话语研究 ………………… 194
新时代大学生安全教育状况调查研究及对策分析 …………… 203
基于时代性要求增强思政教育"获得感"的研究 …………… 219
新时期高校校园警情调查研究及对策分析 …………………… 228

后　记 ……………………………………………………………… 243

第一篇

马克思主义指导下的经济建设经验

对高质量发展条件下潍坊市开放发展思路和布局的思考

一、高质量发展条件下潍坊市开放发展的总体思路

经济高质量发展下潍坊市开放发展的基本思路是：以习近平新时代中国特色社会主义经济思想为指导，加快新旧动能转换，建立现代化经济体系，立足潍坊、辐射山东、面向世界，以提升潍坊核心竞争力为出发点，以开放促进经济持续发展、环境优化、人民福利增加为目标，立足潍坊实际，捕捉国内外环境机遇，充分配置国内国外两种资源，利用国内国外两个市场，促进要素跨国流动，培育对外开放增长极，最终深度融入世界经济。

（一）以"园区"建设和升级为先导，优化潍坊产业结构与贸易结构

目前，潍坊"园区"建设已经初步形成了规模和体系，现有国家级开发区3个，省级开发区14个，市级以上各类特色产业园区104个，数量居山东省第一。在此基础上，潍坊应以"园区"建设和升级为先导和抓手，强化"园区"建设，加大技术创新，使外贸商品结构同步升级。

总体来看，潍坊园区虽已明确产业分工，但园区内产业集聚度、集群度不高的问题仍然存在，带动园区发展的龙头企业偏少。有的地方甚至出于经济利益考量，在园区内引进应当被淘汰的高消耗低产能企业。这一方面大量消耗和浪费了资源，另一方面必然导致园区间低层次恶性竞争，产生严重的内耗。目前潍坊各区县都在根据自身特点和发展需要，着手规划各自的功能区，市里应及时统筹，否则可能形成新的产业布局分散和功能区域重复。因此，全市上下要从全局和战略的高度，切实把加快园区转型作为提高全市产业竞争力、赢得区域竞争的重要举措，努力提升园区发展质量和水平，推动各类园区加快向创新型园区、特色型园区、集约型园区、开放型园区转型。

（二）增强服务贸易出口能力，培育"潍坊服务"的国际竞争力

潍坊服务贸易产业发展程度较高，是潍坊较为有名的城市名片。因此，潍坊有关部门应将服务贸易作为提升潍坊国际竞争力的增长极。

首先，着力发展潍坊优势服务业参与国际竞争。加快发展现代服务业，特别要注重发展潍坊特色服务业，以服务外包、入境旅游、国际劳务合作、对外工程承包、国际海洋运输作为服务贸易重要增长点。在此基础上，发展如汽车服务业、创意产业、总部经济、虚拟经济、现代物流、商贸会展等高端服务业，努力形成以现代服务业和城市工业为主的产业体系。

其次，壮大生产性服务业发展国际竞争力，推动制造业和服务外包深度融合，提高服务离岸外包独立接包能力。推动各地服务外包中心联动发展，鼓励与寻求青岛、济南外包企业合作接包。捕捉"一带一路"、中韩自贸易、亚投行等新战略机遇，寻求工程承包、劳务合作的新机遇。

（三）优化产业集群与空间布局，扩大国际优质资本的空间载体

潍坊外资来源地虽然广泛，但"两国两地"支撑作用明显，两国即日本、韩国，两地即中国香港和台湾。目前，"两国两地"投资占外来资本的七成左右。下一步，潍坊应进一步优化产业集群与空间布局，为国际优质资本创造更好的投资环境，围绕先进制造业、现代服务业、现代农业、文化产业、节能环保、改善民生六大领域，面向重点国家和地区，有针对性地开展富有成效的招商引资活动。

首先，科学遵循"主攻港台、突破欧美、拓展日韩、提升东盟"的思路提升招商引资力度。其次，进一步加强外资投资引导，提高外资利用效率。引导外资重点投向高端制造业、高新技术产业、现代服务业、现代农业，引导外资与重点区域带动战略相结合。最后，进一步营造良好的宏观氛围与投资软环境，不仅使外资进得来，更要"留得下"。

（四）以滨海新区建设为契机，形成潍坊市开放发展核心增长极

潍坊要成为真正意义的沿海城市，拥有可持续发展的动力和空间，突破口在滨海新区已成为共识。该开发区是潍坊北部沿海开发的核心区域，不仅是"蓝黄"两大国家级战略的重要节点，也是胶东半岛高端产业聚集区省级战略的支撑体系之一。依托潍坊滨海经济开发区，打造船舶发动机和汽车制造、科技兴贸创新和全国最大的海洋化工基地，建成"国家级"循环经济示范区。

作为潍坊新一轮开放发展的突破口，潍坊滨海经济开发区开放发展的思路不能局限于产业区发展本身，而是要借力国家战略，将滨海区建造成一座现代化、国际化滨海新潍坊，跻身环渤海强市之列。

（五）以潍坊综合保税区改革为抓手，充分发挥其探索和创新职能

潍坊综合保税区享有特殊的海关监管政策，拥有保税加工、保税物流、货物贸易、服务贸易、虚拟口岸五项基本功能，是全市对外开放的重要平台，它不仅肩负"承东启西"的辐射带动重任，更承担着与国际经济交流先行先试，勇于探索的功能和使命。其作用发挥如何，对于潍坊市国际竞争力提升意义重大。在发展思路上，应该密切跟踪上海自贸区的新政策、新动向，大胆创新，先行先试，充分发挥服务全市经济发展的功能，为潍坊连通世界提供一条广阔的通路。

（六）抓住中韩自贸区建设机遇，争取对韩经贸合作向纵深发展

早在 2003 年，潍坊就被划定为中日韩地方经济合作七个示范区之一，随着自贸区的建设，潍坊与韩国的经济贸易、人员往来、交通出行和文化交流也都将面临一个质的飞跃。韩国作为潍坊吸引外资的重要目的地国，与潍坊有着良好的合作关系，面对中韩自贸区建设机遇，潍坊应推动对韩深度合作，推动两地要素流动，加快推动潍坊港对日韩直达航线开辟，提升国际物流水平。探索建立新型合作机制，实施一批试验项目，满足企业的开放需求，打造对外开放的"政策高地"。对潍坊的企业来说，农产品加工业优势尤其明显，作为拳头产业，应率先抓住中韩自贸区的建设机遇，进一步打开韩国市场。当然，对企业来讲不仅有机遇，也有挑战，随着生产要素自由流动，相比优势韩货在市场的大量流通和降价，将倒逼企业转型、产业升级，为此，有关部门和相关企业应做好预案，加快企业转型升级，继续巩固和抢占韩国市场。

(七) 借力"一带一路"等国家战略,寻找新的海外合作突破点

"一带一路"战略对国际资本和中国企业的合作将带来史无前例的发展机遇,而该战略对潍坊与新兴市场国家的国际合作有着明显的正面影响。潍坊应在稳固原有合作伙伴国,积极拓展新市场,牢牢抓住同我国经贸关系趋向稳定扩大的新兴市场国合作机会,进一步扩大与相关国家合作关系,坚持"请进来"与"走出去"相结合的发展思路,政府相关部门也应积极指导与协调,为拥有自主知识产权和自主品牌的企业"走出去"创造条件与提供指导,争取对外贸易、投资有新突破。

(八) 推动潍坊国际文化交流,为深度融入世界提供"软实力"

潍坊历史悠久,自古即为"东莱首邑"、鲁东重镇。20世纪中后期,潍坊地区的风筝、年画、剪纸、泥塑、嵌银漆器刺绣等传统工艺得到广泛传承,快速发展,日趋繁荣,受到国内外广泛关注。潍坊应着重利用这一文化优势,以潍坊国际风筝会、鲁台经贸洽谈会、中国画节等一系列会展活动,广泛推动国际文化交流,进一步打造潍坊民俗文化名城的城市品牌,增强潍坊的文化影响力和覆盖范围,提高潍坊参与国际交流的软实力。

二、高质量发展条件下潍坊市开放发展的布局原则

习近平新时代中国特色社会主义经济思想是做好潍坊经济工作的总方针,认识把握高质量发展,是当前和今后一个时期经济发展的大逻辑,也是做好经济工作的出发点和落脚点。特别是"十三五"期间,是潍坊开放发展的关键时期。潍坊要紧紧抓住21世纪头20年战略机遇期的最后五年,适应经济全球化和区域一体化发展趋势,正确认识步入新

常态的中国经济，主动适应经济发展新常态，进一步扩大潍坊经济社会和文化的对外开放程度，充分发挥开放对发展的重大促进作用，潍坊的发展就会更上一个层次。因此，高质量发展条件下潍坊市开放发展布局要坚持以下原则：

（一）培育地区产业国际竞争力，深度融入世界经济

世界经济形势正在发生深刻变化，各国之间相互联系日益紧密，相互依存日益加深，和平、发展、合作、竞争、共赢成为时代潮流。地区国际竞争力表现为在世界经济的大环境下，该地区创造增加值和实现国民财富持续增长的系统能力。潍坊市在新常态下规划未来、谋求发展，必须立足实际、放眼世界，在全球发展中谋划。作为山东"蓝黄"经济区的发展腹地，潍坊市要坚持培育地区产业国际竞争力，突出生态效益为先，力促优势产业转型升级，用创新发展增强区域综合竞争力。

新常态下，潍坊要深度融入世界经济，就要主动融入、积极对接，制定符合潍坊实际的开放发展战略规划，纳入国家开放总体格局和山东省开放发展布局。努力发展成为在国内外具有较高知名度和经济发达的地区，关键是要推动企业创新，培育优势产业，形成潍坊地区的国际竞争力。

（二）紧跟国家外经贸政策，捕捉区域经济合作中的巨大机会

加快实施自由贸易区战略，是我国新一轮对外开放的重要内容，也是我国积极参与国际经贸规则制定、争取全球经济治理制度性权力的重要平台，潍坊应当紧跟国家战略布局，不能只当旁观者，而是要做积极参与者。

面向全球的自由贸易区网络，我国正积极同"一带一路"沿线国家和地区商建自由贸易区，使我国与沿线国家合作更加紧密、往来更加便利、利益更加融合。潍坊要抓住"一带一路"、亚太自贸区建设、中日

韩自贸区建设等国家战略重大机遇。特别是山东处于"一带一路"的交汇点，打造丝绸路带枢纽的条件得天独厚。潍坊是山东重要的交通枢纽，应当积极地利用其地缘优势，引导企业深入参与"一带一路"沿线国家基础设施建设，推动具有优势的先进装备制造、钢铁等企业走出去，转移富余产能，开展先进技术合作。

（三）对接山东省外贸战略发展规划，服务潍坊现代制造业大市发展定位

山东目前正努力构筑开放发展区域新格局，围绕"两区一圈一带"区域发展布局，突出中心城市带动作用，培育重点开放区域，构建一批新的带动区域发展的开放高地、引领国际经济合作和竞争的开放区域，统筹推进全省开放整体协调发展。潍坊市要积极对接山东省在"三区"建设、环渤海湾经济圈建设中制定的涉外战略发展规划，赢得省政府在政策、资金、要素等方面的支持。潍坊要抢抓山东省申报第三批自由贸易试验区的战略机遇，积极参与，借势完善开放型经济政策保障体系。整合现有制度，构建多方合力，完善开放型经济组织保障体系。借助外部力量，搭建潍坊市开放型经济全球网络。

（四）充分利用国际资源与市场，兼顾国内环境与就业

在全球范围整合资源，布局产业链，增强国际竞争力和抗风险能力，积极创造参与国际合作和竞争新优势。坚持推动优势企业"走出去"与吸引优质外资"走进来"相结合，形成"政府搭台，企业唱戏，全球是舞台"的对外合作新局面，全面提升潍坊开放型经济核心竞争力。

谋求发展的同时，既不能完全抛弃劳动密集型产业发展，也不能牺牲环境求发展。新常态下，应该在坚持巩固原有国际市场的基础上，努力发展动态比较优势，积极培育国际竞争力。不可否认，劳动密集型产

业还是经济增长的动力源泉。高精尖产业虽然光鲜亮丽,但是并非一日之功,以当前情况来看,我们应该稳步向前,避免结构转型过程的急功近利。这就要求,新常态下潍坊的开放布局,决不能牺牲环境求发展,要坚持国家的可持续发展战略,需要清楚自身的地位和处境、优势和不足,需要检验已有的同时制定新的竞争和发展战略,以实现可持续发展。

(五)结合"国别元"和"区域元",构建开放发展多元化格局

在经济全球化和区域经济一体化的国际发展趋势下,贸易集团化趋势明显,区域内贸易地位不断上升。我国政府顺应这一发展大趋势,正积极参与多层次、多种形式的区域经济一体化组织建设,为企业参与国际竞争寻求更大的优惠与更多的发展机遇。国家将国际合作的平台建好了,还得依赖地方政府与企业去捕捉合作机遇并将合作利益扩大化。

潍坊在推动企业国际化发展的过程中,既要保持与不同发展水平的国家即"国别元"的合作,又要重视与主要区域经济组织的"区域元"的经贸关系发展。既要加深与现有国家和地区的合作,又要积极开拓新市场,避免对少数国家与地区的过度依赖,避免被对方的"软实力"制约。

(作者简介:刘勇,男,潍坊学院马克思主义学院院长、教授)

对加快山东海洋强省建设和发展问题的认识

一、引领海洋经济发展方式转变和加快海洋经济高质量发展

（一）引领海洋经济发展方式转变

加快山东半岛蓝色经济区海洋传统产业自我革命，主动向绿色低碳循环和可持续发展方式转变，对于海洋传统产业要通过"四新"促进其"四化"变革，通过"三去一降一补"供给侧结构性改革，实现海洋经济发展旧动能转化为新动能；加快海洋高精尖新产业的涌现和发展，成为新时代海洋新的"增长极"，扩大新动能的增量，助推山东半岛蓝色经济区海洋经济的全面跃升和提质增效，为建设海洋强省提供坚实的经济支撑和物质基础。[①]

山东半岛蓝色经济区特别要注意实现海洋资源、海洋产业和海洋经济深度融合发展，要努力实现陆地与海洋统筹共进；要充分利用海岸带、近海、远海和深海等不同海洋空间的优势和特点，做精沿海产业、

---

① 《山东海洋强省建设行动方案》，载《大众日报》，2018年5月12日，第01版。

做高近海产业、做新远海产业、做尖深海产业。真正实现海洋的高质量发展。①

以山东半岛蓝色经济区为核心的海洋强省建设，必须以海洋生态文化建设为引领，改变传统的"高能耗、高污染、高排放、低附加值"的生产模式，代之以绿色发展、低碳发展、循环发展、可持续发展的生产方式，使劳动资料、劳动对象、劳动力、资本、科技、管理等要素相匹配相适应，实现海洋经济发展和海洋生态环境保护协调统一、人与海洋和谐共处。共同促进山东半岛蓝色经济区海洋生态文化的建设和发挥其引领作用。

（二）加快海洋经济高质量发展

通过优化配置和合理利用港口资源，信息技术与港口服务和监管的深度融合，建设绿色低碳港口集群，完善海公、海铁等多式联运体系，做强世界一流航运服务等途径，加快山东半岛蓝色经济区港口优化升级，支持青岛建设国际性港口城市。这是加快山东半岛蓝色经济区高质量发展的前提，因为港口是山东半岛蓝色经济区沿海经济发展的龙头。同时，通过构建山东半岛蓝色经济区海洋资源、海洋产业和海洋经济绿色低碳循环和可持续的开放型新兴经济体系，推动山东半岛蓝色经济区海洋产业和海洋经济的高质量可持续发展。②

打造北起黄河三角洲地区，沿胶东半岛北南海岸到日照沿海的24个县级和地级市县组成的沿海城镇发展带③。它是山东半岛蓝色经济区产业布局的基础，是山东省建设海洋强省的重要依托，是山东半岛蓝色

---

① 刘家义：《深入贯彻落实习近平总书记海洋强国战略思想 努力在发展海洋经济上走在前列——在山东海洋强省建设工作会议上的讲话》，载《大众日报》，2018年5月11日，第01版。
② 彭东昱：《建设海洋强国是实现中华民族伟大复兴的必然选择》，载《中国人大》，2019年第1期。
③ 李延成、朱莉：《山东半岛蓝色经济区城镇发展战略规划初探》，载《城乡建设》，2010年第9期。

经济区海洋经济发展的中坚和纽带，是发展沿海外向型经济的主要通道①，也是加快山东半岛蓝色经济区海洋经济高质量发展的重要支撑。

要加快沿海城镇综合交通体系建设②，统筹公路、铁路、航空、港口等交通基础设施建设，完善山东省高速铁路网，加快推进京沪高铁辅助通道、京港（台）通道、沿海通道等山东段交通重点工程建设。③ 推动海底光缆系统建设，支持青岛建设国际通信业务出入口局。完善更加开放、更加灵活的人才培养、引进和使用机制，打造具有国际影响力的海洋人才高地。加强省部、省院共建，加快山东大学青岛校区、中国海洋大学西海岸校区、中国科学院大学海洋学院、哈尔滨工程大学青岛校区等海洋类院校新校区建设，支持中船重工725所海洋新材料研究院、中船重工702所青岛深海装备试验基地、天津大学海洋工程研究院、哈尔滨工程大学船舶科技园等科研机构建设。支持涉海"一流大学、一流学科"建设，努力打造世界一流海洋人才团队。④ 为加快山东海洋强省建设和发展提供便利的交通信息硬件设施和重要的人才智力支撑。

（三）完善山东半岛蓝色经济区整体经济布局

充分发挥青岛的地位和作用，提升山东半岛蓝色经济区海洋现代新兴产业自主创新能力；实现山东半岛蓝色经济区海洋资源、海洋产业和海洋经济深度融合发展；构筑胶州湾、莱州湾为依托的两条海洋经济带；深化对接与京津冀、环渤海、长三角、珠三角等地区的区域海洋经济合作；积极融入"一带一路"，共商共建共享沿线国家和地区发展利益；加快推动全国海洋生态文明示范区、海洋生态文明综合试验区和海

---

① 李延成、柳同音：《山东半岛蓝色经济区城镇可持续发展研究》，载《2010中国可持续发展论坛2010年专刊（一）》，2010年。
② 李延成、柳同音：《山东半岛蓝色经济区城镇可持续发展研究》，载《2010中国可持续发展论坛2010年专刊（一）》，2010年。
③ 李延成、朱莉：《山东半岛蓝色经济区城镇发展战略规划初探》，载《城乡建设》，2010年第9期。
④ 《山东海洋强省建设行动方案》，载《大众日报》，2018年5月12日，第01版。

岛综合保护开发示范区建设,① 共建海洋人类命运共同体。通过"青岛龙头引领、产业经济带动、湾区海岛协同、内外开放崛起、海洋生态文明、全球海洋延伸"的山东半岛蓝色经济区整体经济布局,推动海洋经济高质量建设和发展。

二、科学拓展发展空间,适度利用海洋资源,保护海洋生态环境

(一)科学拓展人类发展空间

1966 年肯尼斯·鲍定提出了经济增长的新空间理论并认为,人类需要的能源、资源将主要来自海洋,海洋将成为未来世界经济发展的新希望、成为人类发展的新空间。② 进入新世纪,世界各国争夺海洋资源、开发海洋产业、发展海洋经济、拓展海洋空间的竞争日趋激烈。世界海洋发达国家将发展的目光投向海洋,蓝色海洋经济也成为全球的关注点。我们在建设海洋强省的过程中,必须以海洋生态文化建设为引领,科学利用临海、近海、远海和深海等空间。当然,由于所处地理环境的不同,受海洋科技、海洋本身形成的海啸、飓风、冷暖气旋、海底地震等自然灾害因素的影响,人类对海洋的开发利用还有很大的潜力和余地。特别是海洋在为全球各国人民提供需求和服务等方面还有很大的利用空间。因此,我们要优化海洋资源开发利用的空间布局,在提高海洋宏观管理水平和维护我国海洋权益等方面实现对海洋空间的科学拓展发展。

---

① 《山东海洋强省建设行动方案》,载《大众日报》,2018 年 5 月 12 日,第 01 版。
② 徐敬俊、韩立民:《海洋经济基本概念解析》,载《太平洋学报》,2002 年第 11 期。

（二）适度有效利用海洋资源

山东半岛蓝色经济区要以海洋生态文化建设为引领，适度有效利用海洋资源。一是坚持科技用海，用原创和先进的海洋科技开发利用好海洋资源、海洋产业和海洋经济，培育海洋发展新动能；用绿色低碳的生产方式引导市场主体转型发展，用简约适度的生活方式促进公民自觉接受海洋生态文化。从而形成具有核心竞争力的现代化海洋经济新体系。二是规划用海，树立海洋的整体观，根据海岸带、近海、远海和深海等不同海洋空间的优势和特点，做精沿海产业、做高近海产业、做新远海产业、做尖深海产业。三是生态用海，形成生态学海洋思维模式，树牢绿色低碳循环和可持续发展理念，自觉修复恢复海洋生态，让海更绿，让天更蓝，让海洋更加美丽。四是开放用海，进一步深化改革、扩大开放，加强国内国际合作交流，深度融入"一带一路"建设，构建海洋人类命运共同体。五是共享用海，本着共建共商共享的原则，推动海洋强省建设，让人民齐心协力、不懈奋斗，创造更多价廉物美的产品满足人民对美好生活的需求。① 山东半岛蓝色经济区科技、规划、生态、开放和共享适度有效利用海洋资源，是其海洋生态文化建设的应有之义，也是实现山东海洋强省建设的必然要求。

（三）修复恢复保护海洋生态环境

通过实施"流域—河口—海湾"污染防治联动机制，修复恢复保护海洋生态环境。清理非法或设置不合理的入海排污口，彻底消除黑臭水体入海。全面推行"湾长制"，开展海湾水质污染治理和环境综合整治。实施近岸海域养殖污染治理工程，清理沿海城市核心区海岸线向海1公里内筏式养殖设施。治理船舶污染，提升港口码头污染防

---

① 《山东海洋强省建设行动方案》，载《大众日报》，2018年5月12日，第01版。

治能力。研究实施"岛长制",探索开展海洋定点封闭倾废试点。加大海洋环保装备研发投入,加强关键核心技术攻关,重点支持海洋环保机器、设备的研发制造,以及对海洋污染物的循环利用,加速推动产业化、规模化,提高海洋环保产业技术装备供给水平。鼓励采取政府和社会资本合作、特许经营、委托运营等方式,引导社会资本提供海洋环保设施投资运营服务。严格落实全海域生态红线制度,严格海洋保护区分类管理,加强保护区规范化建设和生态监控。实施沿海防护林质量精准提升工程,加快推进滨州、东营、潍坊等地柽柳林建设。在莱州湾以及威海、青岛、日照、长岛等地开展海藻林养护培育。在黄河三角洲和莱州湾等盐沼湿地区域,因地制宜开展滨海湿地修复工程。加快编制海岸线保护规划,健全自然岸线保有率管控制度。实施生态岛礁工程,建设海驴岛生态保育类,北长山岛、刘公岛和灵山岛宜居宜游类,千里岩和大公岛科技支撑类工程。在沿海7市开展试点工作,加快建设全国海洋生态文明示范区、海洋生态文明综合试验区和海岛综合保护开发示范区建设。[①]

三、深化沿海开放和海洋经济国际合作,维护海洋战略安全

(一) 深化山东半岛蓝色经济区沿海开放

山东半岛蓝色经济区应对接京津冀、长江经济带、粤港澳大湾区、东北振兴、西部大开发、雄安新区等国家战略,积极融入环渤海地区合作。加强与沿黄省份合作,共同建设沿黄生态经济带,为中西部省份提供出海口。支持青岛港布局新亚欧大陆桥重点内陆港,与西安港推动

---

① 《山东海洋强省建设行动方案》,载《大众日报》,2018年5月12日,第01版。

"一带一路"物流供应链一体化。支持日照港依托瓦日铁路,加强与晋豫鲁铁路沿线城市合作,积极开辟博爱、河津等内陆无水港,拓展港口发展空间。利用海南全岛建设自由贸易区的契机,积极探索两省共建海洋科技经济合作区。参与"一带一路"建设,发挥青岛、烟台的重要作用,推进内外、陆海和与世界各国通航、通海、通邮,构建互联互通、你中有我、我中有你、合作共赢的人类命运共同体。支持青岛、日照、烟台等港口,面向东北亚、东南亚、欧美、大洋洲等地区①,通过缔结友好港或姐妹港协议、组建港口联盟等形式,加强与沿线港口合作。支持济南、青岛、烟台、威海等国际机场加强与日韩、欧美、大洋洲、西亚、俄罗斯和东南亚等国际航空交通的联系通畅②。鼓励省内企业积极参与澳大利亚达尔文港、巴拿马玛格丽特岛港、阿联酋阿布扎比港、几内亚博凯港等海外港口投资建设运营管理。运营好中韩陆海联运通道、鲁辽跨海运输通道,加大省级统筹力度,整合山东省亚欧班列线路,大力发展多式联运,推动融入国内国际物流大通道,打造国际区域性现代物流中心。③

(二) 拓展提高海洋经济国际合作领域和水平

山东半岛蓝色经济区应加强通关、检疫、标准等国际合作,加快推进贸易便利化,扩大进出口规模。鼓励企业在基础设施、产能和装备、高新技术和先进制造、能源资源、渔业等领域开展境外投资。支持有实力的涉海企业到境外建设研发中心、营销网络,共建综合性远洋渔业基地、海洋特色产业园。支持和鼓励企业参与深海、远洋、极地等海洋资源勘探开发,积极争取国际渔业捕捞配额。在沿海国家缔结一批友好城

---

① 尹明波:《开启山东经济高质量发展征程》,载《中国经济导报》,2018年6月26日,第02版。

② 耿彦斌、曲妍:《建设综合交通枢纽城市的关键路径与实证研究》,载《交通运输部管理干部学院学报》,2019年第1期。

③ 《山东海洋强省建设行动方案》,载《大众日报》,2018年5月12日,第01版。

市，强化与地方政府海洋合作。积极参与全球蓝色经济伙伴论坛，构建蓝色经济伙伴关系。尽快成立东亚海洋合作平台理事会，在青岛建设东亚海洋合作平台东黄海研究院，推动东亚海洋领域多层次国际务实合作。加快东亚畜牧交易所、青岛欧亚经贸合作产业园、青岛中英创新产业园、威海中韩自贸区地方经济合作示范区、中韩（烟台）产业园建设，推动中加、中美等海洋产业合作园区建设。谋划设立省级"一带一路"综合试验区，在贸易、投资、金融、管理等方面先行先试。支持申建青岛自由贸易港，推动有条件的出口加工区等海关特殊监管区升级为综合保税区。① 以真正拓展海洋经济国内外合作领域。

同时，要支持驻鲁高校科研院所与国外相关机构组建一批国际海洋科技创新联盟，共建海洋环境模拟实验系统、国际南半球海洋研究中心、联合国滨海湿地国际研究中心、中国—东盟海洋地学合作研究中心、中国—东盟海水养殖技术联合研究与推广中心、中泰气候与海洋生态系统联合实验室、中国—印尼海洋与气候联合研究中心等，建设"一带一路"海水养殖技术培训和咨询中心、中国海洋大学青岛海上丝路研究院。积极参与海洋观测、气候变化、海洋生态系统等全球海洋重大科技问题研究，实施西北太平洋海洋环流与气候试验等大型国际科技合作计划和大科学工程，支持威海与美国纽约开展海洋垃圾防治国际合作。加强与沿海国家涉海高校合作，扩大在鲁留学生名额，积极承担国际海洋教育培训任务。加强与国际海洋组织、国外海洋行业协会的交流合作，争取在山东省设立分支机构或研究中心。加强与德国、俄罗斯、乌克兰、以色列等国家的人才交流与技术合作，吸引跨国公司、外国专家及团队来鲁设立技术研发中心，参与重大科技项目联合攻关。② 以提高海洋经济国内外合作水平。

---

① 《山东海洋强省建设行动方案》，载《大众日报》，2018年5月12日，第01版。
② 《山东海洋强省建设行动方案》，载《大众日报》，2018年5月12日，第01版。

(三) 切实维护海洋战略安全

切实维护海洋战略安全,一是要明确我国的海洋发展战略目标。从国际的角度看,坚决捍卫和维护国家主权完整和领土统一,解决海洋争端,维护我国海洋权益,争取和平国际环境,全面参与国际海洋规则和秩序的建设;从国内的角度看,提升全民族海洋强国战略意识,实现海洋资源、海洋产业和海洋经济深度融合发展,做精沿海产业、做高近海产业、做新远海产业、做尖深海产业。树牢绿色低碳循环和可持续发展理念,自觉修复恢复海洋生态,让海更绿、让天更蓝,让海洋更美丽。让海洋资源、产业和经济更好地服务于人民群众对美好生活的需要①,服务于"两个一百年"目标实现。二是构建我国海洋发展战略。主要包括海洋经济、政治、文化、社会和生态文明"五位一体",以及海洋科技等生产要素和海洋战略安全等形成系统的体系。② 三是我国海洋发展战略要服务于维护国家主权、安全、发展利益,推动我国海洋强国建设不断取得新成就。维护国家海洋主权就是要保障国家海洋领土和海洋领水完整和不受侵犯③;维护国家海洋安全就是要遵循"远近复合、军民融合、平战结合"原则,形成维护国家海洋安全和发展利益的防卫体系。④ 维护国家海洋发展利益,主要是加强我国海洋安全力量的建设和运用,采取软硬结合、刚柔并举的方法,保护我国重要海洋利益区的安全。⑤

当然,争取和平稳定的海洋安全战略机遇期,是实现加快山东海洋

---

① 刘中民:《国际海洋形势变革背景下的中国海洋安全战略———种框架性的研究》,载《国际观察》,2011年第3期。
② 刘中民:《国际海洋形势变革背景下的中国海洋安全战略———种框架性的研究》,载《国际观察》,2011年第3期。
③ 刘中民:《国际海洋形势变革背景下的中国海洋安全战略———种框架性的研究》,载《国际观察》,2011年第3期。
④ 冯梁:《打造国家海洋安全战略》,载《世界知识》,2014年第8期。
⑤ 冯梁:《打造国家海洋安全战略》,载《世界知识》,2014年第8期。

强省建设的前提和保证。这就需要以海洋生态文化为引领,解决海洋社会存在的一系列矛盾、问题和困难①;提升海军作战的实战力、硬实力和威慑力;不断完善海洋法律法规体系,发挥21世纪海上丝绸之路的作用,团结世界进步力量,建立世界统一战线,防范和化解海上安全风险。切实维护海洋战略安全,推动海洋强省建设。

(作者简介:刘勇,男,潍坊学院马克思主义学院院长、教授)

---

① 冯梁:《打造国家海洋安全战略》,载《世界知识》,2014年第8期。

改革开放视域下以特色旅游
助推潍坊发展

一、改革开放 40 周年来潍坊旅游业发展脉络

潍坊地扼山东内陆腹地，位于山东半岛中部，南依泰沂山脉，潍河、弥河贯通南北，北濒渤海莱州湾，山川海三利兼得，"行商坐贾，日有增加"，自古即为商业重镇，又曰"潍州原是小苏州"，发展成了"若论五都兼百货，自然潍县甲青齐"的"东莱首邑"。

（一）改革开放初期，潍坊旅游业以民俗文化旅游为发展主线

潍坊，历史悠久，人文荟萃，是我国东夷文化发祥地、齐文化腹地，两汉经学、金元道教、清代金石也自成体系，独具特色。潍坊传统工艺品闻名中外，是全国著名的手工业城市。潍坊是风筝的发祥地，被誉为世界风筝之都。潍坊文化底蕴丰厚源远流长，丰富的自然人文遗产、绚丽多彩的民间工艺、浓郁纯朴的民俗风情，在潍坊大地上历经了数千年的发展与积淀。

改革开放初期，受益于相关政策的支持和良好的发展环境，中国旅游业按照"适度超前"的原则迅速起步。潍坊在我国较早将民俗文化资源应用于旅游开发，80 年代以来，以"潍坊国际风筝会"为代表的新

兴节会的出现，拉开了所谓"文化搭台、经济唱戏"的帷幕；整合民间工艺、民俗民风等资源和活动，策划了"千里民俗旅游线"，更是直接打出了"民俗旅游"的旗号，开国内民俗旅游之先河。潍坊的民俗旅游吸引许多国外游客前来参观、体验，潍坊也凭此成为全球知名的世界风筝都。

（二）21世纪初，潍坊旅游业以区域合作发展为重点

21世纪初，山东省提出构建山东半岛城市群战略蓝图，汇聚区域和产业优势，增强山东全竞争力，实现山东跨越式发展。这样区域合作助推了旅游业的发展。2007年，潍坊市提出"对接青岛"战略，推进青潍一体化发展，其中重要的一方面就是青岛潍坊两地旅游业领域的合作发展。自2007年开始，连续3年举办（青岛）潍坊周活动，与青岛对接，加强双方合作与配合。

（三）党的十八大以来，潍坊旅游业积极向高质量发展转变

近年以来，潍坊市以深化供给侧结构性改革、推进新旧动能转换为契机，以建设"区域性旅游集散中心"为目标，突出抓好旅游市场主体培育、乡村旅游发展、旅游品牌打造、旅游环境优化、人才队伍建设等重点，推动旅游业由高速度增长向高质量发展转变，推进旅游业转型升级。一方面，以全域旅游发展为总抓手，以文化旅游目的地品牌打造、旅游环境优化为重点，加快文化旅游融合发展。以市场需求为导向，以提升质量和效益为核心，旅游产品着重向观光、休闲、度假并重转变，旅游服务向标准化和个性有机统一转变，满足人们多样化、个性化的旅游消费需要上实现新突破，构建"全景、全业、全时、全民"的全域旅游发展格局，创造美好旅游生活。另一方面，全力实施乡村振兴战略，以乡村旅游为切入点，立足于乡风民俗和农耕休闲等资源和产业优势，编制全域旅游和乡村旅游振兴发展规划，对全市重点旅游项目实行包靠

服务，推进乡村旅游综合体、集群片区和精品旅游小镇建设，实施"乡村旅游后备箱"工程、旅游厕所革命新三年计划，组织开展"百万人游潍坊"活动等，推动乡村旅游提档升级，乡村旅游成为全市旅游产业的新生力量，助推全市乡村振兴战略的实施。

二、"四个城市"视域下潍坊市旅游业发展状况

（一）围绕"产业强市"建设，突出规划引领和项目支撑

开展旅游与相关产业融合发展调研，委托专业机构修编全市旅游总体规划、全域旅游发展规划、乡村旅游振兴发展规划等，从源头上理清旅游业在"四个城市"建设中的发展定位、思路及措施。健全完善总体规划、乡村旅游规划、品牌整合等在内的旅游规划体系。针对"四个城市"建设，谋划一批重点旅游项目，加强日常指导调度，坊子炭矿公园、青州荷花窑、安丘柘山乡情、临朐宋香园等景区建成开放。

（二）围绕"文化名市"建设，促进文化与旅游的融合发展

利用潍坊市独特的城市文化，将古青州文化、镇山文化、佛教文化、地质文化等作为重点，融入城市旅游形象宣传和旅游线路产品的整合推广中。对木版年画、仿古铜、风筝、嵌银等传统工艺品进行深入挖掘开发，推出一批富有潍坊特色的高质量的旅游商品。按照中央机构改革方案要求，目前正在深化文化与旅游的管理机构改革，并促进文化与旅游产业的深度融合。

（三）围绕"活力城市"建设，提升城市的美誉度和影响力

在杭州机场、青岛火车站、潍坊火车站、青银高速等交通枢纽投放潍坊旅游形象和旅游产品广告。创新宣传推介形式，将"青岛—上海"高铁列车打造成潍坊城市旅游形象品牌专列。联合山东半岛城市旅游区

域合作联盟拓展市场，组织潍坊市重点企业参加在北京、天津、济南举办的旅游推介会，并与联盟城市进行文化旅游线路串联，形成跨区域旅游线路产品。充分利用新媒体开展宣传，将八喜旅游网打造成全国知名的、宣传乡村旅游的综合电商平台。

（四）围绕"品质城市"建设，营造和谐旅游环境

组织开展文明使者、美德游客、最美领队（导游）等评选活动，提升文明素养。定期组织旅游从业人员业务培训，努力培育一支高素质、专业化的旅游人才队伍。开展旅行社等级评定、饭店业技能大赛，提升企业服务质量。开展旅游市场秩序集中整治活动，建立市、县、旅游企业三级旅游案件联合处理机制，为"四个城市"建设营造良好的社会氛围。

三、问题导向视域下潍坊市旅游业发展面临的困境

（一）产业规模数量关注较多，产业发展质量关注不多

在推进"四个城市"建设的过程中，比较重视产业规模数量的扩张，对提升产业发展质量关注不多。如景区建设工作，潍坊市拥有A级景区100家（其中5A级景区2家，居全省第二位；4A级23家，居全省第二位），由于多注重创建提档，较少注重景区内涵建设，景区知名度不大。在全省景区排行榜上，只有青州古城景区知名度较高，其他景区都不靠前。又如潍坊市目前共有旅行社160余家（总数列全省第4位，其中具有出境游资质12家，列全省第5位），但普遍规模小、实力弱、营收低，经营方式单一、地接业务量少、发展后劲不足等问题突出，品牌影响力欠缺，亟须培强做大。再如，星级饭店总数量由最高峰的79家减少到目前的45家（总数量列全省第6位），一方面表明企业经营方式相对单一、对市场变化的适应和转型慢；另一方面设施设备陈

旧老化严重，更新改造资金投入不足，严重影响了饭店整体形象。

（二）思想解放不够，创新意识不强

思想解放不够，开拓创新意识不强，与旅游业日新月异的发展形势相比还存在一定差距。特别在推进"四个城市"建设时，创新性方法不多、富有创意的点子不多。旅游品牌宣传营销方面，习惯采用传统的营销手段和工具向游客传递信息，宣传形式比较单一，创新性地采用新媒体的意识不强；没有对市场细分，宣传受众比较笼统，缺乏具有创新性、针对性的营销，宣传营销效果一般。未建立旅游大数据平台，缺乏来潍游客的数据分析，不能做到精准营销，政府和企业对在营销工作中各自侧重点把握不准确。导游员培训方面，多年来沿用课堂授课、考核检查的传统模式，在课程设置、时间安排、培训内容、培训形式等方面创新不足，广大导游员参加培训的兴趣不大，培训效果也一般。

（三）工作韧劲不够，企业主体活力不足

面对制约旅游业发展的重点难点问题，工作韧劲不够，企业主体活力不足，缺乏在攻坚克难中推进发展的勇气。近年来，市委、市政府高度重视旅游业的发展，出台了一系列文件，努力破解制约旅游业发展的问题。在《关于促进旅游业创新发展的意见》、《潍坊市旅游业创新发展三年行动计划》中，均提出要"推动国有景区管理体制改革"，并且明确了责任单位和完成时限。但景区管理体制改革牵扯的问题多、难度大，没有以久久为功的韧劲跟踪调度抓落实，以致这项工作到目前尚未取得突破性进展。另外，招商引资工作一直没有大的突破，开展招商引资工作的积极性不高。有的项目停留在影子项目、线索项目的阶段上，对项目的资源情况、市场情况、投资环境情况等缺少有价值、有权威的分析资料，项目招商的可操作性不强，使旅游业缺乏支撑"四个城市"建设的大项目、大平台。

四、特色旅游积极助推"四个城市"建设的几点建议

总体上,要从规划、消费、市场、产品等角度出发,面向现代客源市场需求,着力构建结构合理、主题鲜明、定位精准的现代旅游产业体系。

(一)策划先于规划,策划、规划、设计并重

产业发展,规划先行。科学的规划体系对旅游产业发展的重要性毋庸多言。规划要解决的核心问题,是旅游资源开发、旅游产品机构、要素配置、旅游整体布局、旅游交通、区域市场定位、跨区域合作、旅游线路组合、总体营销、人力资源开发等长期性、全局性、系统配套性的问题。但目前规划在编制和管理执行等方面存在诸多的问题。如,规划编制机构水平存在自然差距,编制规划时受委托方时间要求影响,存在基础调研不足、了解情况不全面、与区域经济社会文化等融合结合不深不透等问题,更有甚者在规划文本中存在"复制+粘贴"现象,导致在原有编制要求下产生的规划,有理念而没有产品,不能进行操作性运作。产生这些问题的原因是多方面的,但首要是委托方对规划成果的要求与规划机构对成果的把握之间出现了质的差距。换言之,委托方需要的是整合了定位、功能布局、项目设计、游线安排、要素配置、公共工程、招商引资、营销促销、目的地及产业管理等内容、能够开展实际运作的系统方案,而规划机构提交的却是以20年为期限的目标架构。针对这一问题,一般的做法是,策划先于规划,策划、规划、设计并重。

(二)研究消费、市场和产品

消费、市场和产品存在内生的逻辑。缺少必要的研究,就难以实现

三者的有序结合。

消费是经济发展和产业增长的动能。近年来，国内开始注重对消费的分析，相关机构纷纷发布相关报告，但普遍缺乏细化。除数据来源等基础资料不足外，研究态度、研究投入也有相当的不足。对于中国旅游市场而言，从消费角度看，在基本解决"吃、穿、用"的基础上，已经上升到"住、行、游"，部分群体开始攀升到"文、体、美"，并追求"多、新、奇"。

由此，潍坊特色旅游发展，确需研究消费需求新变化，如旅游行为的普遍化、旅游生活的常态化、旅游消费的个性化和旅游选择的精准化，如中国旅游消费所具有的海量特征，呈现出的以中产、青年和亲子为主的消费主群体，以及开始细分化的旅游消费"长尾"。此外，游客在游程中的购物、娱乐、餐饮等消费心理、消费方式和消费逻辑与通常情况下有很大差异，通常会放大消费、非理性消费，即时消费和消费能力更强。因此，对人性进行深刻研究，创造出适应游客多种需求的吸引物、游憩方式、旅游产品。

在研究消费变化的同时，更需关注以客源为主的旅游市场，要对市场有更为准确的判断。以往，是以空间距离为半径"划"出客源市场圈，这是旅游发展的短板，也是旅游研究的短板。"大、云、平、移"（大数据、云计算、平台化、移动网络）是当前和未来不可避免、同时也必须大力融入和应用的工具、方法。当前，潍坊正在建设智慧城市，各行业、各产业都有所行动。旅游产业的智慧化首先应体现在大数据方面，组建旅游专业大数据中心，或是依托城市公共数据中心，将大数据应用于客源市场分析、游客喜好、游客消费等具体工作中。

对市场开拓具有决定性影响的，是旅游产品。二者的有效结合，即用老产品拉动新市场、用新产品巩固老市场。每一类不同的产品都有不同的诉求。（1）观光旅游产品应以景区为重点，适应大众旅游市场的景区应控制增量，以文化、参与、体验等为核心努力提升存量的品质。潍坊应以青州古城和临朐沂山为两个支点，串联、组合、打造基础的观光旅游产品，将古州文化、佛教文化、化石地质景观与科学文化等融入其中，促进观光旅游产品的文化品质。（2）休闲度假产品应突出住宿和娱乐内容，滨海、乡村、山地将是休闲度假的发展方向。潍坊农业产业基础好，农耕文化保存和延续良好，南部山区浅山丘陵更适宜休闲农庄、度假庄园等乡村和山地度假产品的布局，也适宜开发亲近自然、了解基本动植物和生活来源的亲子游产品，这两类正是中程客源市场所需的。（3）作为必要补充的特种旅游则须注重差异，要"想唯一、干第一、去之一"，不宜在产品策划阶段就进入同质竞争阶段。特种旅游的市场面小，但是消费额大、忠诚度极高。潍坊区域内可以依据南部丘陵策划热气球、低空飞行、越野拉力等运动项目以及围绕恐龙化石和山旺化石的地质特种旅游项目。以此形成吸引力，配套以精细创造竞争力，组合开拓发展力，生活对应市场。

（三）提高企业的主体活力

经营分散、力量薄弱、效益差，是中国绝大多数旅游企业多年以来的痼疾。旅行社行业在全世界都是微利薄利的行业，酒店行业在财务核算上全行业亏损，景区行业多数都是勉强维持、部分亏损。倒是利用新技术、应对新发展、提供新服务的新型旅游企业后来居上，有些形成了巨无霸，如携程等。

企业健康，产业才健康。应尽快改变旅游企业发展现状，引导、支持走出低谷，努力实现旅游投资有回报、旅游企业有利润，同时政府有税收、社会有拉动，使旅游产业的关联带动作用充分得以发挥。政府层面，一方面完善旅游公共服务，减少旅游企业承担这类功能所产生的经营成本；另一方面必须引导、推进优化产业结构，特别是供需结构。例如城市型酒店供过于求，而度假型酒店、休闲农庄、中高端民宿等却严重不足，无法承接度假需求的外溢。因此，旅游产业要从市场结构、产业结构和区域结构三个角度,研究、落实去产能、去库存、补短板和降成本的现实问题,在总体品牌形象、产业政策、公共服务、人才培养等方面为企业发展、提升活力创造良好的营商环境;国民角度,应"我的时间我做主",释放消费潜能,积极借助国家惠民季、促消费的时机,满足自身的旅游休闲需求,享受国民休闲福利,争取休闲度假权益。同时,理性出游,改变价格导向的出游行为,以品质为先,做新旅游产品的追捧者,同时也做更新旅游潮流的引领者;作为主体的旅游企业群体,仍应勇立潮头。总体而言,克服自身不足,进一步激活活力,积极应对市场变化,认真研究国民消费和市场变化,创新、融合地策划新产品,精细、诚信地提供旅游服务。

党的十九大报告指出,我国社会主要矛盾已经发生转化。旅游业作为一项幸福产业,正是满足人民日益增长的美好生活需要的重要途径。中国特色社会主义进入新时代,旅游业肩负着重要的使命,要致力于提供更多的旅游产品、更好的旅游服务、更优的旅游环境、更高品质的旅游体验、更加愉悦的旅游经历和更加完善的旅游保障。潍坊"四个城市"建设将为潍坊旅游业营造更好的产业基础和发展环境,潍坊特色旅游产业的发展也将助力潍坊"四个城市"发展。

参考文献

[1] 王法颜:《潍坊简史》,北京:北京师范大学出版社1990年版。

[2] 王振民:《潍坊文化三百年》,北京:文化艺术出版社2006年版。

[3] 孙敬明:《潍坊古代文化通论》,济南:齐鲁书社2009年版。

[4]《着力打造"四个城市"推动潍坊由大变强——三论学习贯彻市第十二次党代会精神》,载《潍坊日报》,2017年3月5日,第001版。

[5] 杨宁宁:《基于区域合作的潍坊旅游业发展研究》,青岛大学2010年硕士学位论文。

[6] 唐敏:《中国最佳旅游城市旅游竞争力比较研究》,浙江工商大学2010硕

士学位论文。

[7] 宋作升、高永贤：《潍坊千里民俗游》，载《民俗研究》，1989年第1期。

[8] 黄进：《旅游城市竞争力研究》，载《改革与战略》，2005年第12期。

[9] 郭为、朱选功、何媛媛：《近三十年来中国城市旅游发展的阶段性和变化趋势》，载《旅游科学》，2008年第4期。

[10] 张红梅、梁昌勇、徐健、董骏峰：《特色旅游目的地形象对游客行为意愿的影响机制研究——以贺兰山东麓葡萄产业旅游为例》，载《中国软科学》，2016年第8期。

（作者简介：吴娜，女，潍坊学院马克思主义学院讲师）

"三权分置"改革下农民增收及路径研究

农民收入是当前中国经济社会发展中的重大战略问题,是实现农村现代化和解决"三农"问题的关键。"三权分置"以及在此基础上发展新的集体经济,顺应了现代农业发展的要求,有利于优化土地要素配置,促进农村产业融合发展。这是一条增加农民收入,引导农民主体发展的新路。党的十九大报告明确提出,巩固和完善农村基本经营制度,深化农村土地制度改革,完善承包地"三权分置"制度。保持土地承包关系稳定并长久不变,第二轮土地承包到期后再延长三十年。2017年10月,《农村土地承包法修正案(草案)》首次提请第十二届全国人大常委会第三十次会议审议,随后四川、湖北、河北等省纷纷印发了"三权分置"的实施意见。山东省也于2018年4月出台了实施意见。

一、"三权分置"改革的提出和意义

(一)"三权分置"改革的提出

随着工业化、城镇化不断加快,"村情"发生了深刻变化。农民入城打工,两权出现分离现象呈现上升势态。即土地承包权和经营权中,农民有承包权却不再进行土地经营作业;另外,土地分散,机械化作业以及与此相关的技术、管理模式无法发挥实效。这样的"村情"显示农户承包土地的经营权发生明显流转，由此引发农业必然趋势：适度规模经营。

"三权分置"是指在坚持农村土地集体所有的前提下，促使土地承包权和经营权分离，形成所有权、承包权、经营权三权分置格局。这与改革开放农村的家庭联产承包责任体制相比，权利细化，创新，旨在发展现代农业。2016年国家出台《关于完善农村土地所有权承包权经营权分置办法的意见》指出，农村土地所有权归集体所有，承包权归农户所有，但经营使用权可以归其他经营主体，"三权分置"格局形成。这种三权分置的优势表现在：所有权、承包权和经营权的灵活及实化。首先，看所有权。既然所有权归集体所有，那么集体力量应该比个体力量发挥更大的实际效能。但实际是农民家庭自种自收，实际农民集体所有权"束之高阁"。"三权分置"的直接权能表现为农民对土地资源的配置权利的实现。农民拥有私法效力的所有权。农民集体将成为农村经济发展的主导者，优化配置土地，实现土地最优化经营。其次，看承包权。承包权和经营权分离后，承包权转化为农民集体成员在集体所有权中的财产份额（所有者权益），农民与土地的关系出现"松绑"，农民参与集体决策、分配收益的权利，农地实现流转，实现了从支配"实物"到财产权的转变。最后，看经营权。土地使用权归经营者。土地经营权归属于进行实际农业生产作业的新型职业农民。我国《物权法》明确指出，用益物权人行使权利，所有权人不得干涉。职业农民作为非农经营者是用益物权人，可以根据农地的特征、经营的需要，有效利用农村土地，从而实现农地资源的市场化配置，解决农村集体经济与市场经济发展存在的问题。

农村土地制度改革，是从土地权属开始。第一步改革是通过废除人民公社，实行家庭承包制，实现所有权和承包经营权的分离，把生产经营自主权还给农民，调动农民生产积极性；第二步改革是把承包经营权再分解,达到"三权分置",为经营权流转以及发展适度规模经营创造条件;第三步改革,也称农村"三块地改革",即农村土地征收制度改革、集体经营性建设用地制度改革、宅基地制度改革,通过深化改革,使其从权能不完整到还权赋能。

(二)"三权分置"改革的现实意义

首先,"三权分置"是应对农村土地发展需要的改革。农村改革主要是农民问题,农民是"三农"问题中最活跃的要素。而农民核心问题是土地问题,这是任何历史时期不变的真理。三权分置,一方面,有助于实现农业现代化经营。现代农业是用现代工业武装的农业,是运用现代科技的农业,是专业化、区域化的农业。而土地集约化、规模化利用是现代农业的前提条件;另一方面,农民的承包权不变,保障了农民作为集体所有制成员的权益,而经营权流转,进一步释放土地作为生产资料的活力和潜力。

其次,是培养现代农民的需要。农业部部长韩长赋指出,我国农民土地流转频次明显加快,2016年,东部沿海一些省份土地流转比例达50%以上。土地承包权主体同经营权主体分离,逐渐使得农业生产者的构成发生了变化。农民依然是土地承包者,但部分农民已经不再是农业经营者。农业关乎国计民生,农业分工是考量现代农业的要素之一。未来农业分工与专业主要靠新型经营主体来完成,即农村专业合作社、家庭农场、种养大户等。"三权分置"改革促进农民进行分流,从而培养真正的职业农民。

最后,提高农业生产率的需要。使生产要素达到最优配置,一直以来受到我国农业从业者老龄化、农业生产规模小、土地细碎化牵掣。现代农业机械化、技术化的前提是土地规模化。国家进行"三权分置"改革,从权限分界上保证农村土地流转,保证专业大户、家庭农场、农民专业合作社及公司农业等新型农业经营主体地位。但由于我国农村保障水平较低,依靠土地收入来源比较单一,难以承担土地流转造成的生活压力和风险,因此退出承包地的意愿就会低,适度规模经营就难以实现。

二、"三权分置"改革对农民收入影响

早在 2004 年,南方省份农村已经出现土地流转的事实。农民自发的经营土地的模式后来被国家出台的文件采纳。目前,"三权分置"下,随着土地流转速度加快,农民收入出现了收入结构和收入水平的变化。

(一)农民对土地流转的态度

三权分置,土地流转风险使得部分农民处于观望阶段。根据对山东省五莲县苏家庄农民调查,发现尽管一家一块的分割式、条块式土地经营收入不高,但还是有些农民拒绝土地流转。他们的共同特点是年龄在 45—60 岁之间,文化程度不高,外出务工机会不多,对于土地流转持消极态度。由于山地经济落后地区,多数农户还处于传统农业生产经营阶段,土地仍然是农民最基本的生产生活资料,土地是他们认为的最可靠的糊口生计。另外,部分农民担心土地流转后承包权随即丧失,生活的基本经济来源彻底中断。显然,加大政策宣传力度,给农民答疑解惑,才能使"三权分置"落地生根。

土地流转比较积极的是承包土地相对较多的农民,他们期待通过土地流转,成为土地经营大户。其次是拥有一技之长的农民,他们期待土地流转经营费用能够带来收益。农民收入的组成结构比较单一,收入增加很缓慢,缺乏新的增长动力。目前,在农民收入构成中,家庭经营纯收入和劳动者报酬收入构成农民收入两个重要组成部分。

(二)农民收益水平变化

"三权分置"确保了农民和村集体的所属关系。一方面,农民可以

参与城市工作而无后顾之忧；另一方面，对于新型农民的合法规模经营给予保障。土地天然是自然资源，是生产资料，但土地天然不能产生财富。正如"政治经济学之父"威廉·配第所指出的"土地是财富之母，劳动是财富之父"。经营土地进行农业生产增收，根本上来说，依靠高附加值的农产品。这就需要依靠农业技术，需要提高农民整体科技文化水平。[①] 例如德国政府把农产品的生产、收购、加工、储运和销售各环节组织起来进行设计规划，使农产品的生产、消费、流通作为一个完整的农业产业链，农产品的增值效应十分明显。

（三）农民收入结构的变化

农业经营性收入重头来源于种植业收入，说明转出土地农户农业经营也从多元化向专业化生产转型。农民根据务农程度的不同，分为纯务农农民、纯务工农民、务工务农农民——兼业农民。其中，土地流转后，兼业户家庭人均收入最高，与纯农户家庭收入相比，其收入增加主要来源于工资性收入，而且农业经营性收入中种植业收入的比重大幅上升；相比较非农型家庭，工资性收入和财产性收入均有所增加，特别是财产性收入增幅较大，主要来自土地流转出获得土地租金收入的增加。

农村的"三权分置"需要协调集体、成员、使用者的农村土地收益分配，可以说是造成了由双方转向三方的利益博弈。农村集体经济组织产权制度改革必须权衡利弊，实现收益的最大公约数。已有的实践探索表明，现代农村经济组织形态主要是股份合作制或股份公司。通过将集体资产所有权折股量化到具体出资合伙人，由农民共有的产权制度转变为农民按份共有的产权制度，使农民变股民，按份享受集体资产收益的分配制度，使农民增加了所谓的财产性收入。显然，继传统的土地等资源性资产之后，集体经营性资产也成为农村集体重要的资产。"三权分

---

① 西奥多·舒尔茨：《改造传统农业》，北京：商务印书馆2010年版。

置"会改变农民传统收入中财产性收入非常小的结构关系。

农民增收要搞活农民,就要转移部分人口。对于转移的农村人口,农民变"市民"面临重重障碍。因此,务工的农民工资性收入较城市人口有一定差距。最近几年,户籍人口城镇化率增加是通过行政区划的改变,城镇化增量中53%居民身份的重新划分中①,不包括进城务工农民。

三、"三权分置"改革下增加农民收入的路径体系

增加农民收入是一个系统工程。我们不仅要看到直接增收的来源,还要看到影响增收的外围因素。农民组织化程度、农村基本制度的实现程度都会影响农民增收。

(一) 加强农民组织化程度

第一,村社共同体的建设。

农民村社共同体实质是利益共同体、命运共同体,基础是土地集体。土地集体是以行政村为单位的,即行政村是一个村社共同体。即使有的村民小组或行政村的人口全都正式迁移进城后,只要其在原地的财产所有权或使用权没有消失,地理区划的共同体成员权也就没有消失。基层社区在人民公社时期是一种"政经不分"、"政社不分"的经济共同体和生产共同体。随着农村改革的展开,依靠加强农村基层政治与行政管理以及经济的集体化或合作化都不足以重建社区和社会生活共同体。项继权在《中国农村社区及共同体的转型与重建》一文中指出,应通过"加强农村公共服务"②,用服务将人们联系起来,在服务的基础上重建农民的社区及社会信任和认同,构建新型农村社会生活共同体。李昌平

---

① 蔡昉:《劳动力供给不稳定的原因》,载《北京日报》,2017年4月10日。
② 项继权:《中国农村社区及共同体的转型与重建》,载《华中师范大学学报》,2009年第3期。

提出"重建村社共同体"①，即以土地集体所有制单位为地理区划，由土地集体的成员为主体组成的包括经济、政治、文化、社会、生态在内的农村社区综合性自治组织。在这一理念的指导下，李昌平在农村创建内置金融——养老资金互助社、以村社内置金融收储土地、再实施土地规模经营的构想。村社内置金融——养老资金互助社的任务是：为农户提供以农地、房屋、山林等为抵押的借贷服务；为村民土地、山林、房屋等金融化收储及市场化流转提供服务；为老人老有所依和老有所为服务，同时把老人从土地上解放出来。这种优先惠及老人的乡村建设思路只能在村社共同体的基础上展开。可见，村社共同体是基于信任、互助、共赢的前提下，有着共同的价值认同的利益共同体。

第二，加强农民组织建设。

农民组织化程度低，基本上处于原子化的状态。特别是随着农民务工的增多，农村空心化、老龄化问题凸显，或多或少地影响了农村社会基础。要加强农村社会组织结构建设，完善、维持有效、有序的中国农村社会组织结构。基层政府加强农村社会治理和村"两委"的建设之外，对一些极度空心化的农村，可以考虑撤乡、合村、并组，或采取在乡镇之下设立"派驻片区（由若干村组成）"的管理制度。

要积极培育行业协会、非政府组织的作用，培育新型农业经营主体，引导适度规模经营。可以在农业地区建立土地合作组织，农户自愿联合，扩大经营规模，这样既可以提高农业生产率，又可以把一部分农民从土地上解放出来。通过大力推动农民的合作来提高农业的组织化程度。以综合性的合作社为基础，进一步组织农民协会，节省国家管理成本，实现乡村自治。

德国农业组织值得我们借鉴。农业组织发达，都是农民自己成立的组织，代表和维护农民的利益。农业产前、产后的服务都由各种专业合

---

① 李昌平：《我的"精准扶贫"之路》，载《南风窗》，2017年2月10日。

作社、农林协会承担，服务信誉都很高。例如"德国农民协会"，下设有300多个地区性的组织①。90%以上的农民都隶属于该协会，协会向农民提供各种无偿服务，从提供信息到维护农民的权益等，无所不包。

（二）完善农村基本制度

第一，完善基本金融制度。

农村发展，一是经济基础，社会资本下乡，使农民资金紧张的问题解决，需要鼓励和引导社会资本进入农村金融领域，形成支持"三农"的合力。二是多渠道筹集资金，对"三农"的信贷只能增加、不能减少，重点投向粮食生产、现代农业、农业科技开发、农村基础设施建设等领域。三是积极鼓励农村金融服务创新，发展农村普惠金融，促进基础金融服务向行政村覆盖延伸。四是大力发展农业保险，建立农业大灾保险制度，丰富农业保险产品。

第二，完善基本经营制度。

首先，贯彻绿色经营理念。先发展起来的工业化的城市给后发展起来的农村一个基本的经验是，不能再走先污染后治理的老路。农村发展需要高瞻远瞩，避免只看眼前、不看后果的不可持续发展。农业、农村的发展，大到长远发展规划，小到农作物的耕种到收获，化肥农药的使用到土地的休耕，必须贯彻绿色经营理念。要建立绿色农业体系，强化绿色发展的科技支撑，培育绿色发展新动能，推动农民形成绿色发展方式和生活方式。要合理开发农村，建设美丽乡村，就要有效治理"垃圾围村"。面对生态环境问题，加强水污染防治，开展土壤污染治理和修复，强化生态环境保护修复。

其次，发展多元经营模式。根据农业经营主体不同，采取不同的经营模式。目前，家庭农场、农民合作社和农业企业是着力培育的新型经

---

① 余瑞先：《德国增加农民收入的若干举措》，载《世界农业》，2002年第8期。

营主体。家庭农场可以发展"种养结合"、"机农一体"模式；合作社可以发展成立合作联社，农业企业则可以采取"公司+合作社+农户"的发展模式。要因地制宜，不搞一刀切，探索多元经营模式。不仅推动农业产业化经营，拓展企业自身发展空间，更重要的是有效带动农民增收。

第三，完善基本治理制度。

农民是农村治理的直接利益相关人，理应成为农村治理的主体。农村自治，需要发挥农民的主体作用，但这并不意味着政府可以减轻责任。推行农村自治，需要构建一套完整的、科学的农村治理制度，需要建立长效的、动态的利益联结机制，需要适当的资金投入，这些方面都离不开政府的主导和支持。有效实现农村事务、环境自治，还要增强广大村民的主体、主人意识，通过形式多样的活动普及治理知识，让村民真正把治理当作"自家事"。

（三）拓展农民增收渠道

真正的农民，增收要依赖农业生产经营，因此要发展优势产业。农民的粮食价格要保证。我国粮食价格持续走低，丰收年，增产不增收；灾害年，更是增收不了。产业结构的优化将会使得产业重心由第一产业向第二、三产业转移，农村剩余劳动力也将跟着转移，非农渠道与报酬增加，从而提高农村收入水平。从城镇化指标来看，一方面，城镇化建设将加大对农村地区的基础设施投入，优化农村地区的交通、商业、通信等，从而降低农业生产和交易成本，进而提升农民收入；另一方面，随着城镇化的过程，农村人口转为城镇人口，那么农村劳动力要素报酬将会由于稀缺性变得更高，从而提高农村居民收入水平。

第一，发展优势特色产业：增加农民生产性收入。

生产性收入主要是指农产品的买卖收入。农产品市场机制的不完善是造成家庭生产经营性收入不稳定的一个重要因素。生产经营缺少特色，"千篇一律"、"千城一面"，造成同类农产品的大量积压，甚至低价贱卖。连续几年我国粮食增收,可是粮价不高。从市场供给来看,一方面,进口农产品挤占市场,玉米、水稻供给过剩。另一方面,出于"粮食安全"战略考量,我国粮食库存量比较大。"高库存、高进口、高成本"持续多年,粮食结构性矛盾必须解决。

家庭经营性收入主要的问题是,农业生产条件有限,基础设施薄弱。基础设施本就薄弱的农田灌溉得不到保障。水利设施陈旧老化,成为非功能性的摆设。此外,大部分的灌溉工程农转非,农业生态失衡,环境污染影响农产品的产量和质量。农民进行生产是严重依赖自然资源和条件的,天灾是威胁农业生产的主要因素。靠天吃饭的农民,旱涝、雷雨、暴风直接造成农田减产,收入减少。尽管各地政府一直强调保证耕地的底线,但因城镇化建设由头,私占、乱占耕地现象仍旧严重。《2016中国国土资源公报》显示,截至2016年末,全国耕地面积为20.24亿亩。在生产率不高的情况下,没有技术支持的种植业面积减少无异于雪上加霜,严重制约农民经营性收入增长。①

因此,要提高农业生产效益,产业结构必须调整。产业结构不合理,直接造成增收困难。根据我国的发展战略,很大程度上农民没有得到国家的资金支持。无论是教育还是基础设施投资,主要靠农民自我累积和集体集资完成。直接导致的后果是产业化水平低、产业链条短,经营主体松散。要利用当地资源,发展特色农产品生产,资源优势转化为产业优势。面对农产品品种单一,质量不高;初级产品多,精深加工产品少的困境,要积极探索发展农产品深加工,延长产业链条,提高产品附加值,农业专业合作社,产销有效对接,技术下乡,普及生产技术,发展现代科技农业。农村产业化经营就是要实现龙头企业和农户风险共担、利益共享的经营模式。

第二,拥有一技之长:增加农民工资性收入。

---

① 朱启臻、赵晨鸣:《农民为什么离开土地》,北京:人民日报出版社2011年版。

推进城镇化,以城带乡,工农结合。农民增收,归根结底一句话,就是要转移农村人口,改变农民职业,变务农为务工。2003—2012年,这一阶段是中国经济快速发展阶段。国家统计局曾发布数据,自1998年以来,2013年农民收入增长首次快于城镇居民。产业结构快速转型,农民开始了由农村向城市迁徙的劳动力转移,转移出去的人口难以成为非农职业,农民因此成为兼业农民,工资性收入成为增收的重要来源。发展经济学家阿瑟·刘易斯(ArthurLewis)在1954年提出了拐点理论。据刘易斯解释,工业化启动之初,劳动力从生产率低下的农村向城市工业部门的重新分配有助于推动快速增长。当农村的工资开始趋近工业部门,工业部门劳动力出现短缺,即"刘易斯拐点"出现时,劳动力由过剩转向短缺,劳动力廉价的阶段已经结束。这就解释了农民的工资性收入出现大幅增加的客观因素。

但由于农村乡镇企业不发达,转移能力有限。农村第二、三产业发展滞后,农村劳动力无业可做,工资性收入有时候不够稳定。乡镇企业整体上规模小、实力弱,自身发展缺乏优势,难以和农户形成稳定的合作关系,农业一体化经营还停留在口号阶段。乡镇企业吸纳的转移劳动力能力明显少于城市企业。根据刘易斯二元结构理论,农业部门的劳动力向现代工业部门和服务部门转移。但由于农民整体文化程度偏低,大量农民滞留在有限的耕地上,加之城乡显性分割的户籍制度,农民获取工资性收入机会不多。文化程度是剩余劳动力能够成功转移的重要因素。知识型、技能型人才需要通过教育、职业教育使劳动力实现转型。而文化结构在短期内是难以得到改变的,教育是一个系统化的过程。外出务工的农民,主要集中在初中文化水平。多数人从业的是城市里简单、收入不高、技术含量低的体力劳动,是脏差累的工种,如建筑业、运输业,渔业养殖、快递、服务业、餐饮、家政等。而大部分人的工资性收入不理想,工资低,甚至低工资也被拖欠。因此,要解决上述企业发展不足和农民自身文化素质问题,拥有一技之长方能稳定获取工资性收入。

第三，产业融合发展：增加农民转移性收入。

根据2017年中央《关于深入推进农业供给侧结构性改革加快培育农业农村发展新动能的若干意见》，以壮大新产业新业态利用"旅游+"、"生态+"等模式，推进农业、林业与旅游、教育、文化、康养等产业深度融合。如果说农民可以有转移性收入的话，这种收入是建立在农民作为土地的承包者身份的基础上而存在的。三权明确，土地所有权归村集体，农民有承包权和经营权。把耕地产权界定给农户，农民权益就有了保障。农民因土地获得的各种补贴，包括种粮补贴、农资综合直补、退耕还林补贴等。

此外，为实现农业可持续绿色发展，2016年我国发布了探索实行耕地轮作休耕制度试点方案。2017年我国开始试点补贴休耕，主要是考虑两点：一是避免农民卖粮难，二是"保护价"收购成本太高。最早的休耕政策出现在1938年美国《农业调整法》，规定了休耕的具体事项和补偿标准。此后，20世纪，加拿大、日本、欧盟陆续实现休耕土地。我国台湾地区从1984年起实施农地休耕政策。美国的休耕补偿标准在1990年之后停止了固定补偿标准，2005年，美国联邦政府支付了16.31亿美元的休耕补贴金，平均每公顷土地116.83美元。[①] 日本轮种休耕的补贴标准是每公顷18.5美元。永久休耕地最高补贴可达每公顷133美元。[②] 各国休耕方式不同，补偿方式也各异。我国可以学习借鉴的是，休耕补偿要尽快以法律形式确定下来。

随着社会保障体系的不断完善，农民社会保障及福利性收入有所变化。转移性收入中最基本的收入来源是最低生活保障。有相当比例的贫

---

① 张锦洪、蒲实：《农业规模经营和农民收入：来自美国农场的经验和启示》，载《农村经济》，2009年第3期。

② 张士云：《美国和日本农业规模化经营进程分析及启示》，载《农业经济问题》，2014年第1期。

困人口享受不到最低生活保障。可见，社会保障制度覆盖面有待加强。医疗保障方面，卫生部统计数据显示，新型农村合作医疗的农民，参合率达到90%以上。医疗保障是农民最需要的，报销比例的增高，报销药品的增加，对于农民收入来说，付得少了就是挣得多了。

第四，深化承包地、宅基地、集体资产改革：增加农民财产性收入。

2016年11月颁布的《关于完善产权保护制度依法保护产权的意见》提出"落实承包地、宅基地、集体经营性建设用地的用益物权，赋予农民更多财产权利，增加农民财产收益"。所谓用益物权，其特点是具有优先性和排他性。农村宅基地、承包地以及集体经营性建设用地所具有的用益物权属性，表明三类土地都可以进入市场流通。广大农民也能享受城镇化进程中不动产增值的收益。赋予农村土地和农民住房的商品属性，建立农村土地和住房市场交易制度及相关机制成为下一步要解决的重要步骤。在充分保障农户宅基地用益物权的前提下，落实宅基地集体所有权，维护农户依法取得的宅基地占有和使用权。要不断探索农村集体组织以出租、合作等方式盘活空闲农房及宅基地，增加农民财产性收入。根据产权理论，农民可以转让经营权，从而获得财产性收入。根据经济学说，产权非所有权。所有权是法律上的归属权，而产权则指财产使用、收益与转让权。[①] 把耕地产权明确给农户，耕地的法律归属权（所有权）可不变，还是归集体。农民有了耕地产权，耕地不仅可自由转租，也可入股取得财产性收入。

农民的财产性收入还来自金融产品。农民在农村信用社贷款的比例并不高，而且信用社门槛增高，农民望而却步。农村信用社金融资源少，不足以满足广大农民的需求。金融产品少，农民购买金融产品比例不大，除去基本的生产生活支出，用于投资的资金并不多，大多数农民

---

① 卢曦：《从承包地到宅基地"三权分置"解析》，载《中国土地》，2018年第8期。

仅限于储蓄。而随着我国储蓄存款利率的降低，本来就偏低的储蓄投资带来的收益并不大。农村金融机构理财产品提供不足，使得股票、证券并未延伸到农村，这一定程度上也限制了财产性收入增加。因此，要进一步打开农村的金融市场，增加农民财产性收入。

（四）完善农民收入的保障措施

第一，法制保障：完善农村土地流转的相关法律法规。

我国已有的土地流转的法律法规有《农村土地承包法》、《物权法》、《村民委员会组织法》、《土地管理法》和《农村土地承包经营权流转管理办法》等，其明确对国有或集体土地的使用权进行了法律规定。如《农村土地承包经营权流转管理办法》对农村土地承包经营权流转主体、流转合同的签订进行了细化。2007年颁布并实施的《中华人民共和国物权法》对土地承包经营权互换、转让的权利变动方式进行了规范。

第二，制度保障：完善农村社会保障体系。

首先，建立农业生产风险保障机制。"天灾人祸，一灾返贫"是制约农业经济发展的一大瓶颈。政府通过投入财政资金来补贴农业保险，农业保险走上了政策性保险的路子。政策性农业保险的保费由财政补贴和农户自缴两部分构成。海南省探索的"以险养险"机制值得研究。

其次，建立农民社会保障体系。2009年9月，国务院颁发了《关于建立新型农村社会养老保险试点的指导意见》，要求在10%的县级行政单位开展建立新型农村社会养老保险试点（新农保）。2011年，我国开展建立城镇居民社会养老保险试点。到2012年底，新农保和城居保制度已经实现地域全覆盖，形成了覆盖所有农村人口的养老保险体系。从2014年7月1日起，经国务院批准，全国城乡居民基本养老保险基础养老金最低标准提高至每人每月70元，但这样低水平的养老金并不能给农民带来真正的物质和精神的保障。应建立城乡居保基础养老金的正常增长机制，根据经济发展状况，对比城镇职工养老金，适当调整增长幅度。可以采取每年或每两年对中央确定的基础养老金标准进行调整。

第三，设施保障：加强农村土地流转服务中心建设。

土地"三权分置"，显然目的是推进农村改革，增加农民收入。经营权和承包权分离，就是进行权利转让，就是土地流转，就存在交易。要建立公平透明的交易平台，探索农村土地服务体系。农村金融信贷结构不合理，农村贷款集中在乡镇企业，而真正能促进农民收入增长的份额较少。中国农村正规金融具有的特性，使得非正规金融长期受到压制，市场秩序混乱。例如，经营权流转价格评估机构以及土地流转市场运作机制和服务机构有待于初步形成发展。没有实现农村土地承包科学化、信息化管理，土地流转的供求信息失衡，客观上限制了土地流转的规范发展。因此，基于县、乡、村三级土地供需信息平台，必须加快建设土地经营管理机构，完善对应于土地改革的服务中心建设。

四、结论

农民收入在逐年增加，一方面依靠的是农民的辛勤劳动创造，另一方面依靠的是国家的改革政策。要提高农民的收入，必须把农村的土地等要素搞活，提高农业经济主体的经营积极性。在全国33个农村土地制度改革试点地区之中，浙江德清颁发了首批宅基地"三权分置"不动产证书，并且出台了基于"三权分置"的宅基地管理办法。2018年10月22日，《农村土地承包法修正案（草案）》正在二次提请审议，以法律形式落实"三权分置"制度，这无疑为增加农民收入提供了法理依据。

（作者简介：孙良瑛，女，潍坊学院马克思主义学院讲师）

"以人民为中心"思想视角下的五大发展理念探析

"以人民为中心"的思想于党的十八届五中全会提出,这一思想的提出体现了中国共产党人不忘初心,始终心系人民的深厚情怀。其实早在170余年前的《共产党宣言》中就已蕴含丰富的"以人民为中心"的思想。马克思、恩格斯指出:"共产党人不是同其他工人政党相对立的特殊政党。他们没有任何同整个无产阶级的利益不同的利益。"① 十九大报告中同样始终贯穿"以人民为中心"思想这条主线。从报告主题的初心与使命到中国社会主要矛盾的转变,再从"八分明确"到"十四个坚持",无一不是"以人民为中心"思想的真实写照。党的十八届五中全会提出全社会要积极践行以人民为中心的发展思想,这不仅体现了中国共产党全心全意为人民服务的根本宗旨,也印证了唯物史观关于"人民是推动社会发展的根本力量"的观点。习近平总书记强调,"以人民为中心的发展思想,不是一个抽象的、玄奥的概念,不能只停留在口头上、止步于思想环节,而要体现在经济社会发展各个环节。"② 中国共产党在"五位一体"的战略布局下始终践行以人民为中心思想,并将这一

---

① 《共产党宣言》,北京:人民出版社2014年版,第41页。
② 《聚焦发力贯彻五中全会精神确保如期全面建成小康社会》,载《人民日报》,2016年1月19日,第1版。

思想融入到创新、协调、绿色、开放、共享的新发展理念中,为实现中华民族伟大复兴的中国梦助力。

一、创新发展:激发人民创造活力

创新是引领发展的第一动力,这已成为全社会的共识。党的十八届五中全会提出,创新要摆在国家发展的核心位置,要不断推进理论创新、制度创新、科技创新、文化创新等多方位的创新。习近平总书记将创新比作经济社会发展全局的"牛鼻子",这一比喻生动彰显了创新对于社会发展的重大意义。创新发展理念并不是横空出世,它是在新时代背景下着力解决发展动力问题提出的新发展理念之一。这一发展理念是经济新常态下实现经济结构战略性调整的现实需要,也是"五位一体"总体布局下全面发展的重要驱动因素。中国特色社会主义创新发展理念与西方经济学中的创新理论是存在本质区别的。这一区别主要体现为中国特色社会主义创新发展理念是以人民为中心思想指导下的创新。中国特色社会主义创新发展理念是马克思主义政治经济学的本土化发展,它继承了马克思主义关于创新的思想。马克思主义政治经济学认为创新的主体具有广泛性,它包括资本家、工人和其他群体。比如珍妮纺纱机与蒸汽机的发明者都是来自工人群体。与之相反的,西方经济学中创新理论的主体更多地依赖于企业家或者商业精英等小部分群体,更有部分学者将创新精神与冒险精神作为企业家的社会符号。

以人民为中心思想是创新发展理念之魂,这主要体现在以下两个方面。一方面,创新发展的主体是人民群众。换句话说,创新发展的实践依靠广大人民群众。党中央非常重视激发人民群众的创造活力。早在2014年,李克强总理就已提出要在全国掀起"大众创业"、"草根创业"的浪潮,鼓励全社会形成"万众创新"、"人人创新"的新氛围。至此,新技术、新产业蓬勃发展,创新创业的活力在市场中涌现。除此之外,党中央还十分重视发挥人民群众的首创精神,积极在社会各行业推广创新创业精神,将人民的积极性充分调动起来。另一方面,创新发展为了人民,换句话说,创新发展的目的是为了人民群众的幸福生活。立足于当下来看,创新发展是引领社会发展的强大动力,这突出体现在经济发展进程中。以高新技术产业为例,中国智能家电行业的崛起推动闻名世界的"中国制造"向着"中国创造"迈进,华为、小米等电子科技的迅猛发展使中国人用上了平价的智能手机,这着实是创新发展成果由人民享有的典范。

创新发展理念是中国共产党以人民为中心思想指导下,基于对中国现阶段发展实情的准确把握,基于对世界发展趋势的深刻认识而提出的科学的发展理念。它继承与发展了马克思主义的创新思想,是新时代中国特色社会主义建设所必须坚持的发展理念,从理论到实践均有重大意义。

二、协调发展:平衡人民整体利益

改革开放40年来,我国的社会经济取得了重大进步,GDP总量跃居世界第二,人民生活水平得到显著提高,人民群众的获得感与幸福感也不断增强。但与此同时,我国社会的发展仍然存在诸多问题。城乡之间差距显著、贫富差距悬殊、物质文明与精神文明发展不协调等发展不平衡的问题愈加明显。为了解决这些难题,保护全体人民群众的政治利益与长远利益,增强发展的系统性、整体性、协同性,党的十八届五中全会提出了当今社会的四个短板问题:区域之间、城乡之间、物质文明与精神文明之间、国民经济与国防建设之间存在发展不平衡问题,并对此提出协调发展理念指导今后的社会发展。这就要求要在"以人民为中心"思想的指导下坚持协调发展理念,确保2020年全面建成小康社会这一目标的实现。

首先,协调发展要找出短板、补齐短板,维护全体人民的整体利益。城市与农村相比,农村地区显然处于弱势地位。与城市居民相比较而言，农村居民的生活环境与经济收入远远落后，更有深度贫困地区最基本的生活保障也无法满足。对此，为了保障农村地区人民的生活，党中央指出要推动城镇公共服务向农村延伸，努力优化农村公共设施环境，使农村地区的人民有更多的幸福感。其次，促进物质文明与精神文明同步发展是人民群众的现实需求。根据马克思主义的基本观点，实现人自由而全面的发展是共产主义社会所要达成的目标。党的十九大报告指出，我国现阶段的主要矛盾已经转变为人民日益增长的美好生活需要与不平衡不充分发展之间的矛盾。我国主要矛盾的转变有力说明了如今的人民群众已经不仅仅止步于物质需要满足，而是追求更高层次需要的满足。其中精神文化需要是非常关键的一方面。我们党要继续用中国特色社会主义理论体系武装全党、教育人民，用社会主义核心价值观引领人民群众，不断推动文化产业的发展，加快推进文化体制的改革。比如近年来国产电影的崛起对于丰富人民的精神世界具有积极意义。物质文明与精神文明的协调发展是人民群众需求的现实需要，也深刻体现了"以人民为中心"思想是协调发展理念的灵魂。

三、绿色发展：保护人民生存环境

近年来，伴随着第二产业的蓬勃发展，中国建立起庞大的工业体系。但与此同时也产生了以自然环境恶化为代表的诸多负面效应。目前来看，大气污染、水污染、固体废弃物污染、植被破坏等问题十分严峻。如此一来，人民赖以生存的环境遭到破坏，影响并威胁着人民群众的正常生活。绿色发展理念就是在如此的挑战下应运而生。绿色发展理念旨在协调人与自然的关系，促进人与自然和谐相处。以习近平总书记为核心的党中央非常重视人民群众的生态环境，"环境就是民生，青山就是美丽，蓝天也是幸福"、"绿水青山就是金山银山"、"要像保护我们的眼睛一样保护环境"。坚持绿色发展理念就是要坚持节约资源和保护环境的基本国策，大力推进生态建设，坚持走生产发展、生活富裕、生态良好的发展道路。这就要求要始终坚持"以人民为中心"思想,在"五位一体"布局的生态建设中牢固树立绿色发展理念。

首先,树牢绿色发展理念,目的是为了满足人民对美好生活的向往。随着人民生活水平的日渐提高,人们对生活环境的要求越来越高。比如,人们更倾向于住在绿化更好的小区,假期时间人们愿意去湿地公园透透气。这些行为充分证明人们对于美丽生态的追求与向往。在某种程度上,生态环境是人民幸福指数的重要指标。良好的生态环境会使人民的生活质量得到保障,也会使人民群众获得更多的幸福感。绿色发展理念秉承可持续发展的思想,致力于为人民打造一个更加舒适、美丽的生活空间。近年来,党中央积极规划国家生态园林城市创建工作,努力使城市生态环境更宜居、更舒适。这与人民群众对美好生活的追求显然是一致的。

其次,绿色发展理念所要追求的最终目的是人的全面发展。习近平总书记指出,"绿色发展和可持续发展的根本目的是改善人民生存环境和生活水平,推动人的全面发展。"[①] 这体现了绿色发展理念深层次的人文关怀。近年来,全国各地掀起垃圾分类的新浪潮。垃圾分类不仅关乎到人民群众的生活环境,也是资源节约的有力举措。它不仅折射出人们环保意识逐步提高,也在悄然改变着人们的生活方式。绿色发展理念的实质是通过呼吁人们加强对生态环境的重视,打击将一切目光追随经济发展的错误认知。人们不仅要看到当下的利益,更要看到子孙后代的发展利益。若仅仅贪图眼前红利而将自然资源消耗殆尽、将生态环境彻底毁坏,那么人的发展也荡然无存。

四、开放发展:拓宽人民发展渠道

习近平总书记简明扼要地阐述了开放发展的深刻内涵,他指出"坚

[①] 《携手推进亚洲绿色发展和可持续发展——在博鳌亚洲论坛2010年年会开幕式上的讲话》,载《人民日报》,2010年4月11日,第1版。

"以人民为中心"思想视角下的五大发展理念探析

持开放发展,必须顺应我国经济深度融入世界经济的趋势,奉行互利共赢的开放战略,发展更高层次的开放型经济,积极参与全球经济治理和公共产品供给,提高我国在全球经济治理中的制度性话语权,构建广泛的利益共同体"。①

开放发展理念是中国共产党基于改革开放40年来的宝贵经验,基于对国内外形式的深刻认识,着力解决发展联动问题提出的新发展理念之一。开放发展理念反映了我们党对当代社会发展规律的认识,顺应了世界发展潮流与趋势,对新时代全面建成小康社会具有重要推动意义。正是因为如此,"以人民为中心"思想指导下的开放发展理念有两个方面的内容。

一方面,发展高层次的开放型经济需要人民群众的鼎力相助。习近平总书记强调:"改革开放是亿万人民自己的事业,必须坚持尊重人民首创精神。"② 也有学者这样描述人民群众与改革开放的关系:"人民群众不是改革旁观者和见证人,也不只是改革成果的最终受益者、共享者,而是改革开放的创造者、参与者。"③ 这充分证明,人民的首创精神与开放意识直接决定了一个国家的开放水平与质量。中国的改革开放需要中国人民自己的努力。从客观上讲,改革开放以来我国已经成为世界第二大经济体。但不得不承认的是,我们与世界第一大经济体美国相比仍然存在巨大差距。这突出体现在中国的开放在"走出去"与"引进来"方面力量薄弱。中国企业"走出去"的影响力仍有待加强。以部分企业为例,在走向国际市场的过程中缺乏品牌意识,因而使得产品的受众面较小,难以打造成国际品牌。在"引进来"方面,引资、引智、引

---

① 《中国共产党第十八届中央委员会第五次全体会议公报》,载《实践(思想理论版)》,2015年第11期。
② 《以更大的政治勇气和智慧深化改革朝着十八大指引的改革开放方向前进》,载《人民日报》,2013年1月2日,第1版。
③ 许创强:《深刻理解习近平以人民为中心思想的基本内涵》,载《思想政治教育研究》,2018年第3期。

技的质量有待提升。这些问题的解决都很大程度上依赖于人民群众的创新与开放意识。人民群众和企业群体应不断拓宽发展渠道,充分发挥首创精神,将中国品牌打出去,提升中国在全球产业链中的位置,使得中国能够向世界市场提供更高层面的产品。

另一方面,人类命运共同体的倡议为人民群众发展提供更多契机。习近平总书记指出,我们坚定不移地奉行互利共赢的开放战略,积极倡导与打造人类命运共同体。近年来,G20集团紧密合作、"一带一路"倡议如火如荼地展开、亚投行的筹建等不仅提升了中国在国际社会的影响力,也同样拉动了中国经济的健康发展。中国企业得以搭上"一带一路"的快车蓬勃发展。与此同时,在环境保护等方面中国与各国一同面对,使得全球性的问题能够得到积极有效的缓解。总的来说,中国人民将因为开放发展更加幸福,世界会因中国的开放发展更加美好。

五、共享发展:保障人民成果共享

共享发展理念作为五大发展理念的最后一个方面,旗帜鲜明地回答了"发展为了谁"这一深刻问题。习近平总书记强调:"坚持共享发展,必须坚持发展为了人民、发展依靠人民、发展成果由人民共享"。[①] 就此对共享发展的清晰解读明确了中国的发展不是追求GDP的增长,而是通过经济增长不断提升人民的生活水平与生活质量,使每个中国人在享受发展成果的同时获得个人出彩的机会。

邓小平同志将社会主义的本质归结为"解放生产力,发展生产力,消灭剥削,消除两极分化,最终达到共同富裕"。而共享发展理念是实现共同富裕的桥梁与途径。因此,共享发展这一发展理念是中国特色社会主义的本质要求,也是社会主义制度优越性在社会发展领域的生动体

---

① 《中共中央关于制定国民经济和社会发展第十三个五年规划的建议》,载《人民日报》,2015年11月4日,第1版。

现。这就要求共享发展理念要坚持"以人民为中心"思想的引领，要保障人民群众的切实利益，做到人民群众共享社会发展的成果，逐步实现共同富裕的理想追求。

坚持以人民为中心思想的引领，紧紧围绕全民共享、全面共享、共建共享、渐进共享的步调，中国共产党人为了使人民群众共享发展成果付出了诸多努力，体现在社会发展的方方面面。

首先，坚持以人民为中心思想，践行共享发展理念体现在建设全面小康的现代化建设目标中。中国共产党向人民庄严承诺，我们的第一个百年目标即到2020年全面建成小康社会。全面小康，首要的标准就是覆盖的人口要全面。习近平总书记多次强调建成全面小康的标准，提出了"小康不小康，关键看老乡"、"没有全民小康，就没有全面小康"、"实现全面小康，一个都不能少"。为了实现建成全面小康的目标，脱贫攻坚战在全国范围内打响。2012年冬天，习近平总书记上任近一个月的时间就来到了河北阜平县考察。习近平总书记强调全面建设小康社会的重点在农村，特别是贫困地区。随后的时间里，总书记深入走访了中国最贫困地方了解情况，并部署了各项扶贫工作，为的就是完成全面建成小康社会的目标，使全体人民共享改革发展的成果。

其次，坚持以人民为中心思想，践行共享发展理念还体现在坚持保障与改善民生中。习近平总书记强调，"保障和改善民生没有终点，只有连续不断的新起点。"在医疗卫生方面，以习近平为核心的党中央不断深化医药卫生体制改革，致力于解决看病难、看病贵的历史性难题，切实保障人民群众的健康。在教育改革方面，坚持走有"中国特色、世界水平的现代教育"道路，不断推进乡村教育与高等教育向更高目标迈进。中国共产党始终致力于改善人民生活，优化人民居住环境，不断满足人民群众对于美好生活的追求与向往，真正与人民群众一起享受中国发展带来的丰硕成果。

创新、协调、绿色、开放、共享的五大发展理念的提出是中国共产党人将马克思主义理论成果与中国特色社会主义实际相结合的产物。"以人民为中心"的发展思想深刻表达了中国共产党人始终不忘初心与使命,秉承为人民服务的优良传统。将"以人民为中心"思想融入新发展理念体现了我们党在新时代的历史背景下对中国特色社会主义发展规律的深刻认识,在理论上丰富与发展了马克思主义政治经济学,在实践中为实现中华民族伟大复兴的中国梦提供了源源不断的动力。

(作者简介:盖晓芳,女,潍坊学院马克思主义学院讲师)

第二篇

马克思主义指导下的文化建设经验

文化视阈下新型城镇化发展的逻辑

新型城镇化秉持"以人为本"发展理念,致力于打造绿色城市、智慧城市、人文城市。新型城镇化的发展,具有自身的运行逻辑,同时,在文化视阈下,其发展与文化运行的逻辑具有一致性。新型城镇化滋生"新"的文化问题,面临"新"的文化挑战与机遇。应对挑战,迎接机遇,以文化推动新型城镇化建设,要明确文化视阈下新型城镇化发展的逻辑。

一、文化传承视阈:新型城镇化发展的"新"起点

文化本身具有传承性的特点。历经千年文化传承,中华民族形成了独特的文化基因,使"中国人"区别于"他国人"。中华文化自诞生之日起,通过"传承—创新—发展"这一模式循环往复、生生不息,打造了中国今天悠久的文化底蕴。文化生生不息,代代相传,使中华文化得以在新的时代中进一步丰富和发展,具有鲜明的时代特色和恒久的独特魅力。新型城镇化的提出与实施,在给文化传承以新的发展契机的同时,基于文化自身的传承性,也对新型城镇化的建设与发展提出更高的要求。脱离文化传承的新型城镇化,不是真正意义上的新型城镇化,是

缺乏生命力的城镇化，是"文化缺位"的城镇化。新型城镇化不仅肩负传承文化的历史使命，同时肩负实现现代化、消除城乡差距、推进农民城市融入、促进人的发展和社会发展的现实重任。也正因为如此，中央提出要走出一条文化传承的中国特色新型城镇化道路。

文化传承要求新型城镇化建设必须融入文化元素。每一个城市都应该具有自己的文化特色，尤其是具有历史文化元素，这样城市才会具有历史厚重感，彰显恒久的魅力，充斥鲜活的历史气息。这些都是一个城市区别于另一个城市的典型特质。在新型城镇化建设中，融入历史文化元素，就不会出现千城一面的问题。更重要的是，每个城市都有其历史的、深厚的文化底蕴，它不仅决定着城市的外在美，更体现着城市的内在美，决定着城市未来发展的方向、速度、品位，更是决定着未来城市人口的综合素质。因此，新型城镇化建设必须在文化传承的视阈下展开。

任何文化的传承，都不是毫无新意的全盘吸收，都不是故步自封的夜郎自大。文化的传承必须与时代接轨，中国正走在通往现代化的道路上。在新型城镇化的时代背景下，文化传承必须用发展变化的眼光来进行。文化传承要求加强现代文化建设，赋予传统文化以新的时代内涵。现代文化建设与时代紧密相连，时代为文化建设注入新的元素。必须以创新的思维构建现代文化。"创新是民族进步的灵魂。"文化不能仅仅停留在传承阶段而停滞不前，还要与新的时代元素融合，不断地丰富和发展，让更多的优秀元素融入其中，从而满足人民群众日益增长的多样化文化需求。

传统城镇化建设给传统文化以毁灭性打击，致使大量承载传统文化的传统村落消亡，大量物质文化遗产和非物质文化遗产都受到了不同程度的冲击。因此，在新型城镇化推进的进程中，要着力打造新城，既要关注有形元素，又要关注无形元素。作为无形元素的文化是城市的灵魂，因而，传统文化的传承是新型城镇化建设的重要组成部分。以传承文化为"新"起点推进新型城镇化建设,打破旧有的城镇化建设旧起点,最终打造出一座座具有生命力的新城镇。

二、文化品格视阈:新型城镇化发展的"新"焦点

所谓品格是指人的品性、性格;文学、艺术作品的质量和风格;物品的质量、规格等。从人的角度看,品格是指人的性格;从物的角度看,品格是指物的特点、特质。简言之,就是指人、事、物的与众不同之处。通过对品格的界定,可以明确,文化品格就是指人或事物(或某一类人、某一类事物)在价值观念、思维方式、行为方式等方面所表现出来的精神、气质、风格、特点与特征,它既是对人或事物的文化属性的规定,也是其价值取向的重要表征。[①] 文化品格侧重于描述人、事、物所具有的文化气质、文化特质以及文化属性等。

新型城镇化下的城市建设要重视打造城市文化品格。文化品格为城市注入新生命力。一座城市不仅仅是政治、地理、经济以及生态意义上的存在,更是文化、价值意义上的存在。文化品格是一个城市之所以存在的关键要素。城市的文化品格是历史积淀和人文精神的凝练。新型城镇化建设不能没有文化品格,城市的存在如果缺乏文化品格,将会失去特色,沦为空城。

城市的存在,既需要有形的物质载体,也需要无形的文化支撑。不同的文化使得城市具有别样的魅力。正因为文化的差异,每个城市都具有各自的特色。城市通过有形的物质呈现其特有精神面貌的同时,也通过其空间格局形象地反映了城市的文化底蕴。这些文化底蕴随着时间的推移和演进又为城市提供了更深厚的文化积累。城市发展不是一成不变

---

① 李红恩:《论英语课程的文化品格》,西南大学博士论文,2012年,第50页。

的，城市建设每天都在进行。批量的高层建筑取代了具有文化意蕴的古建筑和民居的存在，侵占了承载传统文化的生存空间，这对历史，尤其是文化造成了一定的影响。这就要求在新的发展基础上，保有城市的文化品格。城市的发展一定要融入文化元素，彰显人文关怀，体现人文精神。只有这样，才会形成强大的发展动力。一个城市的人文精神由该城市的文化来体现。也就是说，城市的人文精神通过城市建筑、空间布局以及市民的精神文明程度来体现。新型城镇化的建设与发展要以文化品格为"新"焦点，让城市充满生机和活力。

三、文化价值视阈：新型城镇化发展的"新"视点

文化伴随人类社会发展一步步演进到今天，既有物质的呈现，也有精神的凝聚，文化具有满足人类各种需求的意义。沃斯诺尔等人的"文化分析"法强调，要找出共同规则与形态，让人类行为的种种象征表达具有意义，进而产生知识、权力、共识等的社会配置，这些对社会整体秩序（文化秩序）非常重要。[①] 文化价值是指文化本身对人的文化本性与文化需求的物质意义和精神意义，以及文化对整个人类社会发展的意义，即文化与人的发展、文化与社会的发展两个关系维度的意义。[②] 归根结底，是指文化存在对人的各种意义。可以说，人本身的存在，对文化是有依赖性的，人是有文化需求的。人的文化需求与其所处的时代密切相关，时代的变化必然引起文化所处时代的文化环境的变化，自然而然引发文化的变迁，从而滋生新的文化需要。能够满足人的不断变化的文化需求就是文化对于人的价值存在。要实现文化价值需要满足两方面

---

① 沃斯诺尔：《文化分析》，王宜燕等译，台北：远流出版公司1994年版，第250页。
② 邵兴江：《学校建筑研究：教育意蕴与文化价值》，华东师范大学博士论文，2009年，第27页。

条件,即文化需求的主体存在和客体存在。当主体和客体实现有机统一和有效融合的时候,才能充分发挥文化的价值功能。这里的客体不都是客观存在的事物,同样也是一种精神的存在,因为文化这种存在可以通过人这一主体创造出来。也就是说,人既是文化需求主体,也是文化客体的创造者和承担者。

文化价值与社会发展相伴相生,文化价值是为人服务的;同时,文化价值的实现也离不开人类的社会实践。人类在其漫长的发展史中,不断地创造新文化,从而创造出新的文化价值。任何社会都有一定的文化需求,而这种文化需求也是通过人的社会实践下的文化创造来满足的。文化价值具有社会历史性。在不同的时代,文化价值的存在意义也是不同的。文化价值是一种相对意义的存在,过去曾经具有文化价值的存在,现在可能不具有文化价值。因此,要在特定的时代视阈下来正确看待和创造文化价值。对资本主义国家有价值的文化,对社会主义国家可能没有价值,文化价值可以以一种对抗的方式存在于同一时空下。

新型城镇化围绕"人"来推进,以人为出发点,其最终也是为了实现人的解放。人是目的,也是归宿。推进新型城镇化建设,关键在于实现"以人为本",推进以人为核心的城镇化。[①] 新型城镇化建设是为着绝大多数人的利益服务的,其最终目的是要实现人的发展和人的解放。新型城镇化突破了传统城镇化建设的"以物为中心"的发展模式,更加注重城市内涵发展和人文精神建设。新型城镇化建设要以文化价值为建设的"新"视点,着重构建城市的人文精神,增添城市文化色彩和文化意蕴,从而实现文化价值。新型城镇化建设要在满足人的文化需求的前提下开展,并且充分发挥人的主观能动性,不断创造出符合当代人需求的文化存在,并发挥其价值。因此,新型城镇化建设要考量文化价值,既要保留传统意义上的文化价值,也要创造出具有现时代意义的新的文化

---

① 《中国古村落数量每天消失300个》,载《京华时报》,2014年1月12日,第008版。

价值。

四、文化治理视阈：新型城镇化发展的"新"转点

党的十八届三中全会强调，要"推进国家治理体系和治理能力现代化"。"十三五"规划也强调指出，城市规划和建设要注重以人为本、节地节能、生态环保、安全实用、突出特色、保护文化和自然遗产，强化规划约束力，加强城市公用设施建设，预防和治理"城市病"。新型城镇化建设要推进城镇治理，构建和完善城镇治理体系，以合理的结构治理和高水平治理来推进新型城镇化建设的最终成功。[①]

当前，新型城镇化建设强调推进"以人为核心的城镇化"，强调新型城镇化要融入特色文化元素，避免"千城一面"，强调要在生态文明建设理念指导下推进新型城镇化建设。新型城镇化下的城镇治理，要突破传统城镇化的局限，凸显文化治理。传统城镇化以管理为主，新型城镇化以治理为主。这就意味着新型城镇化下的城镇治理主体的多元化存在。城镇治理凸显"人"的主体地位，要充分动员一切社会力量参与城镇治理，构建和完善城镇治理体系，而文化治理就是其中重要的一环。将人的思维内化于城镇治理理念，提升其内在的治理能力；以文化理念转变推动城镇文化网络转型，强化其外在的治理能力。[②] 文化讲求"以文化人"，文化治理追求"文化治镇"和"以文化城"。

关于文化管理与文化治理，胡惠林教授指出："文化管理是国家通过建立规章制度对文化行为进行规范化，对象是文化行为，主体是政

[①] 《新型城镇化的文化与生态意蕴》，中国文明网，http://images2.wenming.cn/web_wenming/wmcz/yw_1632/201408/t20140811_2110532_1.shtml.

[②] 《新型城镇化的文化与生态意蕴》，中国文明网，http://images2.wenming.cn/web_wenming/wmcz/yw_1632/201408/t20140811_2110532_1.shtml.

府；文化治理是国家通过制度安排，利用和借助文化的功能用以克服与解决国家发展中的问题，对象是政治、经济、社会和文化，主体是政府加社会，政府发挥主导作用，社会参与共治。管，具有法律和行政的强制性；治，则更突出人和社会的自主性。治，是针对问题的解决与克服，具有很强的弹性，而管则是基于一定的价值尺度对人们的社会行为做出规定，具有很强的惩戒刚性。"[1] 由此可见，文化治理远远优于文化管理。文化治理的主体不仅是多元的，而且是具有主动性的。多元主体参与文化治理，共同推进"文化治镇"和"以文化城"。从文化管理转向文化治理，新型城镇化为推进国家治理体系和治理能力现代化提供了新的切入点，既传承了文化，又充分调动一切主体在参与文化治理的同时，推进新型城镇化建设，将新型城镇化建设最终指向文化"人"。

五、文化"人"视阈：新型城镇化发展的"最"终点

"以文化人"是新型城镇化建设的根本要求。新型城镇化建设的出发点和归宿是为了人。传统城镇化建设更加注重有形建设，忽视无形建设。这就导致了文化建设"滞后"于经济建设问题的凸显。这些"滞后"主要表现在三个方面的缺失：一是文化从业人缺失，二是文化经营人缺失，三是文化传承人缺失。[2] 这些缺失使得文化需求"人"的文化需求无以为继。新型城镇化的核心是实现人的城镇化，只有人的城镇化的实现，才能最终为新型城镇化进程画上句点。新型城镇化进程中的文化融合，要在文化"人"的视阈下进行，最终指向是为了实现人的城镇化，从而推动人的现代化的实现，并最终实现人的自由而全面发展的终

---

[1] 胡惠林：《国家需要文化治理》，载《领导科学》，2012年第13期。
[2] 梁新华：《新型城镇化的文化维度构建》，载《天津社会科学》，2014年第5期。

极目标。也就是说,新型城镇化进程中的文化融合问题必须围绕"人"来展开。

文化从业"人"、文化经营"人"和文化传承"人"所从事的活动,都是为了更好地"由人化文",而后实现"以文化人",从而实现二者的良性互动。"由人化文"与"以文化人"是一个相互统一的动态运行过程。"由人化文"说明了文化的起因和由来,"以文化人"说明了文化的功能和结果。人创造文化,并经由人所创之文化来塑造人。新型城镇化下的城镇如果没有文化元素的融入,就会失去个性特色,也就等于是有形无神的存在。新型城镇化建设背景下,新城市呼唤新文化,新文化为新城市注入活力。新文化要由新文化"人"来传承与创新,其成果由全体人民共享。

(作者简介:孙文亮,男,潍坊学院党委书记,教授)

论"五个文明"协调发展与文明社会转型提升

"五个文明协调发展"是社会主义现代化建设经验的有益结晶。生态文明是前提,物质文明是基础,政治文明是保障,精神文明是灵魂,社会文明是归宿。在全面建设小康社会的总体目标中,五个文明建设的职责和要求是:生态良好,经济繁荣,政治民主,文化先进,社会和谐。五个文明之间相互联系、相互制约、相辅相成,有机地统一于社会主义现代化建设的伟大实践。我们要通过改革开放,实现从传统社会向现代社会的转型,进而迈向和引领人类共同文明。

一、"五个文明协调发展"是社会主义现代化建设经验的总结

文明是标志社会进步程度的概念,它是与野蛮、愚昧相对的。《易经》里说:"文明以止,人文也……观乎天文,以察时变;观乎人文,以化成天下。"从广义上说,社会文明指人类社会的开化状态和进步程度,是人类改造客观世界和主观世界所获得的积极成果的总和,是物质文明、政治文明、精神文明、社会文明和生态文明等方面的统一体。

党的十一届三中全会以来,我国社会发生了深刻的变革。从"以阶

级斗争为纲"转向以经济建设为中心,从传统的计划经济体制转向社会主义市场经济体制,从封闭半封闭型社会转向开放型社会。改革开放40年来,我国的各项事业取得了世人瞩目的伟大成就,同时也积累了宝贵的发展经验。如果从理论深化与实践推进的结合上讲,"五个文明协调发展"则是这些经验的有益结晶。

二、五个文明相互联系、相互制约、相辅相成

在人类学术思想史上,对文明的研究多是从纵的角度或横的角度进行综合性论述,如古代文明、中世纪文明、近代文明和当代文明,或欧洲文明、亚洲文明、中华文明、法兰西文明等。把文明从内涵上深入划分,并用之于指导社会主义建设的实践,是我们党的一大创造。从物质文明与精神文明一起抓,到物质文明、政治文明和精神文明三驾马车并驾齐驱,再到包括和谐社会建设在内的"四位一体"。十七大报告首次提出建设生态文明,十八大报告进一步强调大力推进生态文明建设,形成"五位一体"总布局。这反映了我们党在社会文明建设认识上的不断发展和深化,也体现了我国社会主义现代化事业的不断拓展和提升。

"社会发展"或"社会文明"就其广义来说,是泛指整个社会的发展或社会文明建设,是与国家文明甚至人类文明相对应的。就狭义来说,社会发展或社会文明则是相对于经济发展和物质文明而言的,侧重于社会稳定、社会保障、社会事业建设方面。当今国际上出现的与"经济发展论坛"相对应的"社会发展论坛",实际上就是从狭义"社会发展"出发的。所以,也可以从狭义社会出发,来界定并提出"社会文明"的要求,从而使原有的三个文明(物质文明、政治文明、精神文明)建设理论进一步扩充为"五个文明"建设理论,也使我国社会主义现代化建设局面扩展为五大文明"五位一体"协调发展的总体格局。

生态文明是指人类在改造客观世界的同时,又主动保护客观世界,

积极改善和优化人与自然的关系，建设良好的生态环境，实现经济社会与环境的可持续发展的人类文明。生态文明是当代文明的一种新的形态，它是针对传统工业文明的片面发展、科技的不当利用给人类社会带来负面效应而提出的新要求，是人类进步程度的重要标志，具有自身相对独立的内涵和意义。当然，科学发展观与和谐社会中都包含了生态文明建设的要求，强调可持续发展、人与自然和谐相处以及建设资源节约型、环境友好型社会等，都是强调生态文明的重要意义。我们党提出要构建的"和谐社会"是一个综合性目标，而生态问题和生态文明建设有着自身相对独立的地位和价值，应该独立出来加以突出和强调。"建设生态文明，不是要放弃工业文明，回到原始的生产生活方式，而是要以资源环境承载能力为基础，以自然规律为准则，以可持续发展、人与自然和谐为目标，建设生产发展、生活富裕、生态良好的文明社会。"① 生态兴则文明兴。之所以强调和突出"生态文明"建设的作用和意义，就在于呼吁全社会认识并重视生态文明对于经济、政治、文化、社会建设的重要制约作用。

在当代，社会生态文明建设必须走科技创新之路。在环境保护和生态文明建设问题上，"科技悲观主义"和"科技乐观主义"都是片面的，必须以生态文明培育和谐理念，以和谐理念引导科技创新，以科技创新促进和谐发展。科技创新必须以实现人与自然的和谐发展为最高境界和最终目标。加快培育以可再生资源为基础的技术系统，积极开展生态产业发展、生态环境保护和生态文化建设诸方面的综合系统研究。必须改革和完善社会体制，创造合理利用科学技术的社会环境。当代生态环境问题的普遍性和复杂性，决定着也只有依靠多学科、多领域的合作与创新才能加以有效的解决。必须改革和完善社会体制，创造合理利用科学技术的社会环境。

---

① 许嘉璐：《努力营造有利于创新的社会环境》，载《光明日报》，2006年6月8日。

三、从经济社会向文明社会转型提升

发展经济是当代国家的主要任务,当今国际间的竞争主要是经济竞争(围绕经济而展开的竞争,或者以经济为基础而展开的竞争)。在社会发展史上,国家活动的主导形式在不同的历史阶段有着不同的表现,与以往的军事化国家、宗教化国家和政治化国家各阶段不同的是,当代国家是经济化国家,发展经济成为国家的主导职能。以尽可能快的速度发展经济,尽可能多地拥有物质财富,成为各国政府的主要目标。发展经济、增长财富也是当今各国民众的主要目标和追求。人们以拥有财富为荣耀,甚至于已不太注意获得财富的手段是否正当。

然而,日益富裕起来的中国社会确实有一个要富到哪里去的问题。我们的社会只是这一个属性吗?我们的国力只表现在物质性方面吗?我们的种种社会问题能够只用增强经济来解决吗?

于是,近年来一些领域与相关概念引起我们的关注。比如文化、教育、法治、网络、软实力、文明。文明是焦点。人们所关切的人际关系、行为准则、法治自觉、教育目的、环境意识、社会风气等,都关乎社会文明。文化最终的目的也是文明。人类历史和各国历史最辉煌的时期,不仅仅是GDP攀升的时期,更是文明高度发达的时期。相反,绝不会是财富富足而文明低落。

文明的社会从来都具有理想性。理想中文明的社会都是人际和谐、教育程度高、社会平等、遵守公德、道德自律的,最关键是文明成为全社会共同的追求,以享受文明为最大的幸福。这样的社会对于国家来说,才是一种强大的凝聚力和软实力。所以说,文明是国家软实力的核心。

文明社会的建设是一个过程。因为文明和文化一样最终还是关乎于人,必须潜移默化和循序渐进。文明社会建设的关键是国家层面文化和文明的自觉,必须是依照文明的性质与规律科学地进行文明建设,必须沉下心来做。文明建设必须从娃娃教育开始。只有社会机器的所有部件都有文明的含金量，理想的文明社会才会渐渐呈现。我们要通过改革开放，实现从传统社会向现代社会的转型，进而迈向人类共同文明。

曾几何时，当人们解决了温饱问题之后，要么是满足于现状，因循不前，要么是畸形消费，挥霍浪费。如今，对于十几亿中国居民来说，面临的一个重要课题是：小康之后做什么？是知足常乐，还是得陇望蜀？这个"蜀"——更高的生活理想——该是什么，是西方模式还是"中国特色"？有一点应该达成共识，要启动新一轮经济大发展，就必须同时启动和引导新一轮社会消费，而这种消费活动必须有利于社会经济的持续增长、有益于人性的合理进化、有利于促进人的全面发展，也就是以社会和谐、文明提升为目标。

"仓廪实则知礼节，衣食足则知荣辱。"但随着经济社会的发展，人们对物质文化生活的需求呈现出某些阶段性特征。以人为本，关注民生，不仅要解决人们的物质需求，还要解决人们的精神需求。文化的根本作用就是创造和提升文明。就个人来说，发展先进文化，就是通过文化教育和熏陶提升自身价值，提高人的素质，塑造人的自由个性，促进人的全面发展，使人变得越来越文明。就社会来说，发展先进文化，就是通过先进思想观念、价值导向的影响和引导，使社会制度安排更为合理，社会关系更为和谐，社会风气更为净化，社会公德更为高尚，总之，使社会发展越来越文明。

国家富强、民族振兴、人民幸福的伟大中国梦，不仅是国家的梦，民族的梦，更是人民的梦。这个梦既有着社会主义内涵，又体现着民族特色；既存在对物质文明的渴望，更包含对精神文化的追求。实现伟大中国梦的过程，应该是实现由经济社会向文明社会转型的过程，也是全体国民从"经济人"向"文明人"提升的过程。

（作者简介：王家忠，男，潍坊学院学报编辑部主任、主编、教授）

民族自信与民族精神建设

在庆祝中国共产党成立95周年大会上习近平总书记指出:"当今世界,要说哪个政党、哪个国家、哪个民族能够自信的话,那中国共产党、中华人民共和国、中华民族是最有理由自信的。"① 2019年习总书记同吉尔吉斯斯坦总统热恩别科夫会谈时指出,"在庆祝新中国成立70周年的时刻,中国共产党正在激励全党不忘初心,牢记使命。面对取得的成就,我们不敢有丝毫的自满,但怀有无比的自信,走好新时代的长征路。"② 总书记在多次讲话中谈到自信,自信是一个民族的精神脊梁,是一个国家的前行动力,是一个政党的勇气担当。

一、民族自信的丢失及原因

一个民族的强大,绝不仅仅是经济的强大,还必须有精神的强大。回首中国古代,中华民族是世界上伟大的民族,在五千多年的历史长河中,创造了灿烂瑰丽的中华文明,为人类文明进步做出了不可磨灭的贡献,中国人是自信的。到了近代,中国人为什么不自信了?面对近代世

---

① 《在庆祝中国共产党成立95周年大会上的讲话》,载《人民日报》,2016年7月2日,第2版。
② 《习近平同吉尔吉斯斯坦总统热恩别科夫会谈》,载《人民日报》,2019年6月14日,第1版。

界历史的大变局,中西方在较量中,中国人从"技不如人"、"器不如人"、"制不如人"到"文不如人",不断地否定自我,逐渐演化成一种民族自卑心理。最极端表现便是"全盘西化论"。著名历史学家胡绳在《从鸦片战争到五四运动》一书中曾谈到:"某些人居然说中国如果当过几十年殖民地,就会实现现代化","这只是极端无知的昏话"。① 他们居然认为大炮送来了文明,殖民推动了进步,甚至否定人种,这是一种典型的不自信。1934年《大公报》在社评《孔子诞辰纪念》中说:"民族的自尊心与自信力,既已荡然无存,不待外侮之来,国家固早已濒于精神幻灭之域"。② 可以说近代中国的百年是落后挨打、沉默的百年,这时的中国是"无声的中国",也是失去自信中国,是从自傲走向失落的历史过程。

这种不自信的根源是我们对自身和世界历史发展没有客观正确的认识。近代化是中国先进分子主动追寻的结果。然而在理论层面,改良主义、自由主义、社会达尔文主义等,你方唱罢我登场,没能解决近代中国人的迷茫与困惑;在实践层面,旧式农民起义、封建统治阶级的自强运动,没能解决中国救亡图存的问题;资产阶级改良派、革命派的努力,没能改变中国半殖民地半封建社会性质,封建主义回头路走不通,资本主义道路也难走成。中国人民和中华民族的前途和命运要如何改变?十月革命一声炮响,社会主义革命在世界范围内首先取得了初步胜利,马克思主义在中国得到广泛传播,工人运动渐趋蓬勃发展,我们的党就是在这样的环境中被孕育着,成长着,为人民、为国家战斗着。1921年,在浙江嘉兴的一条游船上,中国共产党诞生了。从此,中国革命的航船有了舵手,在茫茫黑夜中有了指路明灯,中国人民有了可依赖的组织者和领导者,保证了中国革命的胜利发展。正如毛泽东所讲:

---

① 胡绳:《胡绳全书》第3册,北京:人民出版社1990年版,第77页。
② 《鲁迅全集》第6卷,北京:人民文学出版社1997年版,第122页。

"自从有了中国共产党,中国革命的面目就焕然一新了。"① 复兴之路的征程有了正确和坚强的领头人。历史和人民最终选择了马克思主义理论,选择了中国共产党,选择了社会主义制度,选择了改革开放。毫无疑问,这是一个个伟大的选择,这些选择为复兴之梦的实现指明了前进的方向,方向清晰了,脚下的步伐才迈得大胆而坚定。在马克思主义理论的指导下,在中国共产党的带领下,中国人民取得了反侵略战争的完全胜利——抗战胜利,洗雪了中华民族的百年耻辱,为中华民族由近代以来陷入深重危机走向伟大复兴确立了历史转折点,同时为世界反法西斯战争的胜利做出了不可磨灭的历史贡献。抗战胜利后,中国仍面临着两种命运、两种前途的严重斗争。中国共产党代表中国最广大人民的愿望,提出了"和平、民主、团结"的方针,争取经过和平的道路来建设一个新中国。以蒋介石为代表的大地主大资产阶级却坚持独裁和内战的政策,妄图在中国维持他们的反动统治。经过3年多的人民解放战争,中国共产党领导的人民革命武装,推翻了国民党反动统治。人民解放战争的胜利,为建立新中国奠定了基础。

2016年,习近平总书记在庆祝中国共产党成立95周年的重要讲话中指出:"五四运动后,1921年,在中华民族内忧外患、社会危机空前深重的背景下,中国共产党诞生了。此后,中国共产党带领中国人民打败了日本帝国主义,推翻了国民党反动统治,完成了新民主主义革命,建立了中华人民共和国,实现了中国从几千年封建专制政治向人民民主的伟大飞跃。这是中华民族'站起来'的历史过程。"② 这个历史过程,是中国从无路可走,到找到复兴之路,中国人在重新审视自我和世界的过程中,从迷失和自卑中找回自我、定位自我,建立了中华人民共和国,实现了民族独立、人民解放,开辟了中国历史的新纪元。

---

① 《毛泽东选集》第4卷,北京:人民出版社1991年版,第1357页。
② 《在庆祝中国共产党成立95周年大会上的讲话》,载《人民日报》,2016年7月2日,第2版。

二、民族自信与精神的建设

1949年9月21日,毛泽东在中国人民政治协商会议第一届全体会议上讲到:"占人类总数四分之一的中国人从此站立起来了。"① 站立起来,实际上是破解了中华民族的生存难题,实现了民族的独立自强。

第一,帝国主义列强压迫中国、奴役中国人民的历史从此结束,中华民族一洗百年来蒙受的屈辱,开始以崭新的姿态自立于世界民族之林。帝国主义的民族压迫是近代中国一切灾难与贫穷落后的总根源,也是阻碍中国社会发展的根本原因。1949年10月1日,毛泽东在天安门城楼上庄严宣告中华人民共和国中央人民政府成立。民族独立,中国人民反帝任务完成,占人类总数四分之一的中国人从此站立起来,中国梦也随之站立起来了,这是能够自信的前提。

1949年9月通过的《共同纲领》规定:"中华人民共和国必须取消帝国主义国家在中国的一切特权。"② 中华人民共和国成立初期,我们通过"另起炉灶、打扫干净屋子再请客"等的外交方针,取消帝国主义一切在华特权,这是一百多年来任何一个政府都没有做到的。1950年的中国百废待兴,以美国为首的联合国军,悍然发动侵朝战争,战火燃烧到中国东北鸭绿江畔,美军飞机轰炸中国边境城市,妄图以朝鲜做跳板,将新中国扼杀在摇篮之中。10月8日,毛泽东在《给中国人民志愿军的命令》中指出:"为了援助朝鲜人民解放战争,反对美帝国主义及其走狗的进攻,借以保卫朝鲜人民、中国人民及东方各国人民的利益,着中国人民志愿军迅速向朝鲜境内出动,协同朝鲜同志向侵略者作战并争取光荣的胜利。"③ 这表明了中国出兵朝鲜的性质、目的以及对取得胜利的

---

① 《毛泽东文集》第5卷,北京:人民出版社1996年版,第343页。
② 《建国以来重要文献选编》第1册,北京:中央文献出版社1992年版,第513页。
③ 胡为雄:《建国以来毛泽东军事文稿(上卷)》,北京:军事科学出版社、中央文献出版社2010年版,第235页。

信心。举国上下兴起了轰轰烈烈的"抗美援朝,保家卫国"运动,中国人面对世界头号强敌美国,最终赢得了抗美援朝伟大胜利,国际地位也提高了,中国人民的民族自信心提升了。当前,面对纷繁复杂的国际形势,中国始终是世界和平的建设者、全球发展的贡献者、国际秩序的维护者。

第二,广大中国人民在政治上翻了身,封建主义、官僚资本主义统治的历史从此结束,中国人民第一次成为新社会、新国家的主人。一个真正属于人民的共和国建立起来了,中国人民反封建任务完成。《共同纲领》明确规定:"中华人民共和国的国家政权属于人民。"① "人民性"是中国国家政权的根本特征,人民当家做主,体现了新中国把政权的合法性建立在广大人民群众的基础之上。宋庆龄发出这样的感叹:"在我看来,自从1949年10月1日——这具有历史意义的日子以来,中国最伟大的转变就是我们的国号中有史以来第一次有了'人民'这两个字。这两个字不是为了装饰点缀,它的重要意义在于同样有史以来第一次表明我们政府巨大力量的所在——人民。"② 中国共产党自成立以来,就始终把"人民跟着共产党干什么"作为必须回答好的政治课题来秉承、去追寻。中华人民共和国成立后,我们通过三大改造、土地改革、颁布新婚姻法等一系列举措,人民当家做主得到真正的落实和具体化,这激发了广大人民群众极大的历史主动性和创造精神。"人民跟着共产党干什么?"邓小平同志曾这样回答,"一求翻身解放,二求富裕幸福"③。习近平总书记告诫党员干部必须"把心贴近人民"。

第三,军阀割据、战乱频仍、匪患不断的历史从此结束,国家基本统一,民族团结,社会政治局面趋向稳定,各族人民开始过上安居乐业的生活。一个民族要振兴,一个国家要发展,统一是最基本的前

---

① 《建国以来重要文献选编》第1册,北京:中央文献出版社1992年版,第4页。
② 参见宋庆龄:《为新中国奋斗》,北京:人民出版社1952年版。
③ 邓仕林:《重温"人民跟着共产党干什么?"》,载《解放军报》,2015年7月1日,第07版。

提。在辛亥革命后中国进入了一种碎片化状态，军阀割据、战乱频仍、匪患不断。中华人民共和国是全国各族人民共同缔造的统一的多民族国家。统一包括两个层面的含义：一是领土层面的统一，二是国家内部整合。这两项任务无论在北洋军阀统治时期还是在国民党统治时期都没有完成，对国家统一的追求是全国人民共同的愿望。中华人民共和国成立，民族团结、和平安定局面形成，各族人民开始过上安居乐业的生活。

1951年5月23日，中央人民政府和西藏地方政府的代表就西藏和平解放的一系列问题达成协议，签订了《中央人民政府和西藏地方政府关于和平解放西藏办法的协议》。西藏和平解放结束了西藏近代以来遭受帝国主义、殖民主义侵略的历史，为新中国的国家统一、民族团结大业，同时也为西藏的民主改革和民族区域制度的建立，为西藏的社会进步、经济发展奠定了坚实的基础。1997年，香港回归；1999年澳门回归，中国政府相继对香港、澳门恢复行使主权。全中国人民迫切期望早日解决台湾问题，实现国家的完全统一，实现两岸的统一是符合包括台湾同胞在内的全体中国人民的意愿。

第四，为实现由新民主主义向社会主义的过渡，并在社会主义道路上实现中华民族的伟大复兴，创造了政治前提。中华人民共和国的成立创造了和平稳定的环境，解决了中国向何处去，走什么道路的时代课题，也就是由新民主主义向社会主义的过渡，并在社会主义道路上实现中华民族的伟大复兴。

中华人民共和国成立之初的落后状况，是今天的我们难以想象的。国民党留给共产党的是一个一穷二白、千疮百孔的烂摊子。"穷"是没有多少工业，农业也不发达。"根据麦迪森按1990年国际美元价格估计，1952年中国人均GDP为439美元，比1820年的水平（600美元）低了26.7%，比1913年的水平（552美元）低了20.5%；同期中国也低于印度（人均GDP为619美元）、印度尼西亚（人均GDP为

840美元）。"① 当时毛主席有过这么一段话描述那个时候的中国，他说："现在我们能造什么，能造桌子椅子，能造茶碗茶壶，能种粮食，还能磨成面粉，还能造纸，但是，一辆汽车、一架飞机、一辆坦克、一辆拖拉机都不能造。"②"白"，就是一张白纸，文化水平、科学水平都不高。据统计，"新中国的教育、科技事业也是在一个极不发达的基础上发展起来的。1949年各级学校在校学生共2577.6万人，其中高等学校11.7万人，中等学校126.8万人，小学2439.1万人。全国平均每万人中有大学生2.2人。全国文盲占人口总数的80%。"③ 当下的中国，信息畅通，公路成网，铁路密布，高坝矗立，西气东输，南水北调，天堑变通途，世界第二大经济体、制造业第一大国、货物贸易第一大国、商品消费第二大国、外资流入第二大国，外汇储备连续多年位居世界第一。中国共产党带领中国人民用几十年时间走完了发达国家几百年走过的工业化历程。这些为世人所赞叹，这也是社会主义制度优越性的充分体现。

第五，中国共产党成为全国范围内的执政党，可以运用国家政权凝聚和调集全国力量，巩固民族独立和人民解放的成果，解放并发展社会生产力，以造福于整个中华民族。

中国共产党党章开宗明义第一句话就是，中国共产党是中国工人阶级的先锋队，同时是中国人民和中华民族的先锋队。"据不完全统计，约有2000万烈士为民族独立、人民解放和国家富强、人民幸福而牺牲。目前，全国有名可考并收入各级《烈士英名录》的仅有196万。"④ 新中国建立以后，共产党作为执政党，毛主席提出"全心全意地为人民服务"的伟大号召，邓小平同志的深情坦言"我是中国人民的儿子"……

---

① 胡鞍钢：《中国现代经济发展的初始条件》，载《开发研究》，2006年第3期。
② 《毛泽东文集》第6卷，北京：人民出版社1999年版，第322页。
③ 中国社会科学院中央档案馆合编：《1949—1953年中华人民共和国经济档案资料选编（综合卷）》，北京：中国城市经济出版社1990年版，第65页。
④ 曲青山：《从百年历史看党的初心和使命》，载《党史文汇》，2019年第7期。

新时代习近平总书记的真情宣示"我将无我,不负人民",这些都是中国共产党人人民立场、为民初心的生动展现。近年来,我们党以巨大的政治勇气和强烈的责任担当,提出一系列新理念新思想新战略,出台一系列重大方针政策,推出一系列重大举措,推进一系列重大工作,解决了许多长期想解决而没有解决的难题,办成了许多过去想办而没有办成的大事,推动党和国家事业发生历史性变革。这些历史性变革,对党和国家事业发展具有重大而深远的影响。经过长期努力,中国特色社会主义进入了新时代,这是我国发展新的历史方位。中国特色社会主义进入新时代,意味着近代以来久经磨难的中华民族迎来了从站起来、富起来到强起来的伟大飞跃,迎来了实现中华民族伟大复兴的光明前景;意味着科学社会主义在21世纪的中国焕发出强大生机活力,在世界上高高举起了中国特色社会主义伟大旗帜;意味着中国特色社会主义道路、理论、制度、文化不断发展,拓展了发展中国家走向现代化的途径,给世界上那些既希望加快发展又希望保持自身独立性的国家和民族提供了全新选择,为解决人类问题贡献了中国智慧和中国方案。

三、民族自信与精神的践行

党的十八大以来,是党和国家发展进程中极不平凡的新征程。面对世界经济复苏乏力、局部冲突和动荡频发、全球性问题加剧的外部环境,面对我国经济发展进入新常态等一系列深刻变化,我们坚持稳中求进工作总基调,迎难而上,开拓进取,取得了改革开放和社会主义现代化建设的历史性成就。十九大报告指出,我国矛盾已经转化为人民日益增长的美好生活需要和不平衡不充分的发展之间的矛盾。深刻认识我国社会主要矛盾变化的现实依据,准确把握我国社会主要矛盾变化的重大意义,是深入理解新时代中国特色社会主义的关键所在,也是决胜全面建成小康社会、全面建设社会主义现代化国家的战略基石。

（一）我们是实践者，就要坚定马克思主义的历史观

我们要以更加宽阔的眼界审视马克思主义在当代发展的现实基础和实践需要，坚持问题导向，坚持以我们正在做的事情为中心，聆听时代声音，更加深入地推动马克思主义同当代中国发展的具体实际相结合，不断开辟21世纪马克思主义发展新境界，让当代中国马克思主义放射出更加灿烂的真理光芒。

（二）我们是搏击者，就要警惕和抵制历史虚无主义的蛊惑和侵蚀

中华民族积淀着优秀历史文化精神。我们有"国家兴亡，匹夫有责"的爱国气节，"恪尽职守，精益求精"的敬业精神。代表民族风骨的革命文化，建党时期的红船精神，土地革命时期的井冈山精神、苏区精神、长征精神，解放战争时期的西柏坡精神。中国特色社会主义文化中的铁人精神、焦裕禄精神、女排精神、航天精神，等等。这些精神的存在，鼓舞着中华民族每位成员去开拓新领地，我们需要将这些精神内化于心，成为强大的精神支柱，为实现中华民族伟大复兴中国梦不懈奋斗。

（三）我们是奋进者，就要肩负使命，踏踏实实走好生活每一步

"路漫漫其修远兮，吾将上下而求索"，这个新时代，是承前启后、继往开来、在新的历史条件下继续夺取中国特色社会主义伟大胜利的时代，是决胜全面建成小康社会进而全面建设社会主义现代化强国的时代，是全国各族人民团结奋斗、不断创造美好生活、逐步实现全体人民共同富裕的时代，是全体中华儿女勠力同心、奋力实现中华民族伟大复兴中国梦的时代，是我国日益走近世界舞台中央、不断为人类做出更大

贡献的时代。今天,我们迎来了中华人民共和国成立 70 周年,70 年栉风沐雨砥砺前行,我们都是追梦人。

(作者简介:温洪玉,女,潍坊学院马克思主义学院讲师)

第三篇

马克思主义指导下的社会建设经验

转换人类心态 构建和谐社会

之所以强调转换人类心态，是因为人类在20世纪里心态出现了某种程度的扭曲和畸形。回顾过去的世纪，人类的物质文明取得了长足的进步，但是，回首百年，世界却出现了种种不和谐，人类中心主义膨胀，霸权主义嚣张，种族歧视严重，纵欲主义和享乐主义蔓延，由此造成人口、环境、战争、疾病……诸种全球性问题。为遏制新的失误，迎接新的挑战，就必须建立新的生存与发展秩序。费孝通先生呼吁，必须建立的新秩序不仅需要一个能保证人类继续生存下去的公正的生态格局，而且还需要一个所有人类均能遂生乐业，发扬人生价值的心态秩序。当前世界的形势发展已使人们觉悟到生态秩序的日渐紧张，但是很多人还没有觉悟到更为迫切的心态秩序的危机。而是否建立起健康和谐的心态秩序，关系到人类在21世纪乃至新的千年的生存面貌。

社会的变革，科技的进步，唤起了人们的种种需求和欲望，物欲的失控和私欲的膨胀必然导致心态的失衡。心态失衡的背后，掩盖着人性深层的扭曲和畸形。社会的转型，必然引起人性的裂变和嬗变，人性的裂变犹如原子的裂变一样，既释放出巨大的社会潜能，也带来巨大的负效应。必须加以自觉地调节和控制，才能保障人性沿着健康的轨道演化。

变革社会的过程同时也应该是社会心态的调适与矫治过程。资本主义的发展带来了人类历史上空前的物质文明,但其掠夺性生产方式和无节制的消费活动将人类的生存状况推向了恶劣的边缘。发展中国家由于体制的缺失和政策的失衡导致分配不公和腐败现象蔓延。社会主义国家的改革既带来了新的发展机遇,也造成了人们心理的剧烈冲突和震荡。因而,心态秩序的调整与经济、政治秩序的重建是相互制约、互为因果的。

只有从根本上确立以人为本、创新、协调、绿色、开放、共享的发展理念,才能建立合理的经济政治秩序;只有确立健康的社会秩序,才能保障正常的生态秩序,从而保障人类的持续和谐发展。经济发展并非是社会发展的全部内涵,而且经济的片面发展反而会破坏社会各方面的协调,最终经济发展也将失去保障。因而,从社会有机发展的角度出发,必须将经济价值与社会价值有机统一起来,使经济、社会、人等诸方面保持协调的发展。

社会的全面协调发展,有赖于三个方面的和谐:人与自然的和谐,即人的活动与自然规律、自然运行的统一;人与人的和谐,即人与人之间、人与社会之间的互相协同、互相促进、共同发展;个体自身的和谐,即个人的生理与心理之间,智慧与道德、情感、意志之间协调完整地发展。

首先,人类必须改变对大自然的对立态度,调节自身的生存方式,在保持人的主体地位的前提下,恢复和保持人的活动与自然运行的统一,由传统工业文明转换为生态工业文明。在古代社会,人们驾驭自然的能力十分脆弱,面对大自然的淫威表现出无能为力。因而古人所追求的"天人合一"境界,只能是消极无为,统一消融于自然。近几个世纪特别是20世纪以来,伴随着人类改造和征服自然能力的提高,使得人类一跃而成为地球的主宰,但是人与自然之间的矛盾也尖锐化了。因为人们统治自然界,绝不像站在自然界之外的人一样,相反地,我们连同我们的肉、血和头脑,都是属于自然界、存在于自然界的。为此,人类必须改变对大自然的传统态度，变革现行的生存方式，在充分发挥人的主体性的前提下，实现人与自然的新的和谐状态。长期以来，人们只是把自然界当作改造和索取的对象，忽视了对它的顺应和补给，结果，随着人类无节制地干预自然活动的不断升级，地球的负载能力却日渐萎缩。面对共同的全球性危机，人类必须增强主体的责任感和义务感，因为目前的危机是人类自身造成的，也只有人类才有能力引导地球上的生命走出困境、摆脱危机。人们在不断提高驾驭和利用自然界能力的同时，还必须发展顺应和保护自然的能力。人性与兽性的区别，不仅表现在如何对待同类上，而且还表现在如何对待异类及其生存环境上。古人倡言："民吾同胞，物吾与也。"须知，人们毫无节制地攫取和耗费自然资源，终有一日，人类也必将被大自然吞噬掉！所以，人类必须提高生态意识，并把这种意识化作内心信念，形成道德规范，把对地球生命系统的维持放到至关重要的地位。

其次，要提高人的整体意识和协作精神，实现人类社会内部的和谐，因为没有人与人之间的和谐，就不会有人与自然的和谐。在古代，人们只是在孤立的范围内或小农经济的狭隘圈子里生存着，彼此的联系十分松散，甚至于"老死不相往来"。但从15世纪哥伦布探险以来，特别是伴随大工业的发展和科学技术的进步，世界市场形成，国际交往频繁，人类之间的联系空前加强。这种联系和制约关系的增强，不仅从经济和政治上表现出来，而且也从生态或环境上表现出来；不仅从积极的方面体现出来，而且也从消极的方面显示出来。面对共同的全球性问题，人类的利益呈现出息息相关的局面。人们必须正确认识和处理人类内部各种利益之间的关系，在尊重和保持个体、阶级和民族的生存的同时，自觉维护人类的整体利益和长远利益。社会和谐发展的内在价值就在于，它能够产生一种整体效应，使每一种个性素质都有恰当的位置，用文用武各司其职，可以大大增强整体的凝聚力和创造力。在剥削制度下，"人对人是狼"，"他人是地狱"。这种对抗的人际关系，不仅造成人的畸形发展，而且严重阻碍了群体素质的提高，破坏了社会的整合，削弱了社会的潜能。人们应当从传统的个人意识中解脱出来，将自己和自己的创造活动视为社会群体的有机组成部分，从发挥群体的功能的角度去认识自己的价值，提高和完善自身的素质。

应对全球化的挑战，构建人类命运共同体，必须提倡全人类共同价值。习近平主席在第七十届联合国大会一般性辩论时的讲话，提出了"和平、发展、公平、正义、民主、自由，是全人类的共同价值"的论断。承认共同价值，符合人类社会的基本事实和发展规律。人类的深层思维方式、心理结构具有共性，在处理人与自然、人与社会、人与人的关系时难免会碰到相同的问题，因而形成一些共同的价值观念。共同价值反映的是不同个体、民族、国家之间的共性，不是某个地域特殊价值的人为提升，不能产生于任何人的主观设计，而是人类在认识和改造世界的过程中、在各民族文化交流和融合的过程中自然形成的。

台湾作家龙应台说："就我个人而言，哲学就是，我在绿色的迷宫里找不到出路的时候，晚上降临，星星出来了，我从迷宫里抬头往上看，可以看到满天的星斗；哲学就是对于星斗的认识，如果你认识了星座，你就有可能走出迷宫，不为眼前障碍所惑，哲学就是你望着星空所发出来的天问。"① 善于用马克思主义哲学和中国哲学进行思考和观察，有助于人们拨云见日，充分认识共同价值的历史价值和现实意义。

最后，还要努力促进主体自身的和谐。每一个个性主体要不断增强自我评价能力，有效地驾驭各方面素质，使之循序渐进地协调发展。人们要驾驭自然，同时要驾驭自己，就必须充分发掘自身的潜能，增强主体的智慧。但是，人的智能的发展和运用必须沿着人类利益的正确轨道，而不能违反人的本性。所以人的智能发展必须伴之以道德水平的提高，培养造就"智慧而人道的人"。每个人在发展多方面才能的同时，

---

① 龙应台：《我们为什么要学习文史哲》，载《新华文摘》，2014年第11期。

必须优化各种能力、素质之间的结构，在创造性思维活动的牵引下，在高尚的道德品质规范和驱动下，使各种能力、素质相互补充、协调发展，提高整体素质。

优秀的民族文化是最丰富的精神食粮，也是滋润心田、调节心态的源头活水。爱因斯坦在1950年写的信中说："一个人活着就应该扪心自问，我们到底应该怎样度过一生，这是一个合情合理的问题，也是一个非常重要的问题。在我看来，问题的答案应该是：在力所能及的范围内尽量满足所有人的欲望和需要，建立人与人之间的和谐美好的关系。这就需要大量的自觉思考和自我教育。不容否认，在这个非常重要的领域里，开明的古代希腊人和古代东方贤哲们所取得的成就远远超过我们现在的学校和大学。"① 显然，我们学习古代贤哲们的思想，有助于弥补学校教育的不足，促进和谐人格的构建。

潘光旦先生曾根据儒家的中庸之道，阐发了"位育论"。位就是安其所，育就是遂其生。事实上，"位"并不是一成不变的，"位"变了，心自然也要变。问题不在于变不变，而在于如何变，往哪儿变。即应该向着合理、健康的方面变。人类在努力建立新的国际政治、经济秩序的同时，必须致力于建立健康合理的心态秩序，努力促进和谐世界建设。社会发展倘若脱离了人性的健康轨道，只能加速人类的灭亡。

坐着谈，何如起而行。正如鲁迅先生所说的，改革，要紧的是做。要许多人做：大众和先驱；要各式的人做：教育家，文学家，语言学家……这已经迫于必要了，即使目下还有点逆水行舟，也只好拉纤；无论怎么看风看水，目的只有一个：向前。

参考文献

[1]《中共中央关于全面深化改革若干重大问题的决定》，北京：人民出版社

---

① 杜卡斯：《爱因斯坦谈人生》，北京：世界知识出版社1984年版，第81页。

2013年版。

[2]《中共中央国务院关于加快推进生态文明建设的意见》，载《人民日报》，2015年5月6日，第1版。

[3] 张世英：《希望哲学论要》，人民网，2013年7月18日。

[4] 周国平：《幸福的哲学》，载《解放日报》，2012年11月10日，第11版。

[5] 王家忠：《论人的个性调适与和谐发展》，载《聊城师范学院学报》，1991年第3期。

[6] 王家忠：《人性·社会·心灵——社会潜意识研究》，济南：山东人民出版社2006年版。

[7] 王家忠：《灵性·潜能·创造——个人潜意识研究》，北京：中国社会科学出版社2010年版。

[8] 王家忠：《〈易经〉与心理分析》，北京：中国社会科学出版社2015年版。

[9] 王家忠：《哲学七讲（大众读本）》，北京：中国社会科学出版社2016年版。

[10] 项久雨：《二者存在本质区别：莫把共同价值与"普世价值"混为一谈》，载《理论导报》，2016年4月20日。

[11] 项久雨：《莫把共同价值与"普世价值"混为一谈》，载《人民日报》，2016年3月30日。

[12] 杨朝明：《儒家"大学之道"与高校人文教育》，载《山东高等教育》，2013年第1期。

（作者简介：王家忠，男，潍坊学院学报编辑部主任、主编、教授）

贯彻精准扶贫思想，全面建成小康社会

从唯物辩证法角度看，贫穷和富裕是矛盾的双方，是相辅相成的，这对矛盾是现实生活中无法回避的重大问题。对贫穷和富裕的理解或许有多种答案，但可以肯定的是，无论贫穷还是富裕，它都不是单纯以物质或精神为标准进行衡量的，它既来自物质，也来自精神。换言之，真正的富裕一定是物质和精神的双重富裕，而贫穷则是富裕的否命题，所以，在物质和精神层面任意一项的缺失都应算作贫穷。精神层面的富裕无疑是重要的，不过人类的发展历史也证明，物质文明是精神文明的基础。那种越穷越高尚的共产主义假说，早已被"二战"以后建立的几乎所有社会主义国家的实践证明是行不通的。今天西方富有国家的精神文明程度，远远超过贫穷的非洲。在环境保护等方面，西方富有国家能够投入更多资金，获得更好的效果。人类虽然至少有几千年历史，但悲哀的是，绝大多数时间都伴随着饥饿和贫困。直到近代的19世纪工业革命，才开始有了较大改变。尽管社会制度发生变迁，但不同制度下，人们追求富裕的价值取向几乎是共同的。不过以往的革命、战争、制度变迁带来的最终结果始终是以多数人贫穷、少数人富裕为代价的。历史发展充分证明，社会制度的优劣是实现人们由贫穷走向富裕的最根本、最重要的因素。中国特色的社会主义尤其是改革开放40年的发展已使占世界人口约五分之一的中国人民摆脱贫困、实现温饱、走向富裕,而中国的发展模式也正在惠及全球,展现出前所未有的"模式"魅力。社会主义为共同富裕提供了较为合理可行的制度基础,但社会主义要实现共同富裕的目标,仍然要有赖于生产力的高度发展,有赖于生产关系的调整完善,也有赖于合理分配体制机制的建立。经过新中国 70 年尤其是改革开放 40 年的不懈奋斗,我们取得了伟大的历史成就,极大改变了中国的面貌、中华民族的面貌、中国人民的面貌、中国共产党的面貌。中华民族迎来了从站起来、富起来到强起来的伟大飞跃!在当今世界发展的坐标中,当下的中国已逐渐进入世界舞台的中心,离民族复兴的目标越来越近,成为世界强国的条件已基本具备。但在成就面前我们应有高度的清醒和自觉,正如习近平总书记在庆祝改革开放 40 周年大会上的讲话中所言:改革开放已走过千山万水,但仍需跋山涉水,摆在全党全国各族人民面前的使命更光荣、任务更艰巨、挑战更严峻、工作更伟大。其中,贫富差距拉大尤其是贫困问题的存在就是现阶段诸多挑战中的短板弱项,而且是一个非常现实严峻的挑战。习近平总书记关于"精准扶贫"思想的提出与实践正是基于这种解决问题、促进发展、实现中华民族伟大复兴的战略考量,具有客观必然性。

贫困问题不是一国独有的问题,而是各国普遍面临的问题。据联合国统计,1990 年时约占世界总人口三分之一的人生活在极端贫困中,这些人每天收入不足 1.25 美元;到 2015 年,已经有 10 多亿人摆脱了极端贫困,但全球仍有 8.36 亿人生活在极端贫困中。目前极端贫困人口主要集中在撒哈拉以南非洲以及西亚等区域,80%生活在这一区域的人口每天仍然以不足 1.25 美元的收入维持生存。中国要实现共同富裕的发展目标,需要一个较长的奋斗过程,贫困和减贫问题仍然是当下中国一个严峻的现实问题。

贫困线是衡量贫困状况的一个基本指标。关于贫困线或贫困标准,目前在学术界还存在争议。通俗地说,贫困线就是在一定社会发展阶段的条件下，维持人们的基本生存所必需消费的最低费用（包括物品和服务）。贫困线或者贫困标准在不同的国家是不同的。一般来说，发达国家贫困线相对较高。如美国政府规定的贫困线约每人每年5500美元，折合人民币大概是每人每月约2979元人民币。法国的贫困线就定在全国收入中位数的一半，为每人每月650欧元（合人民币5760元）左右。中东国家沙特贫困线是每天19美元（123元人民币），每人每月3700元人民币。发展中国家相对低一些。如越南的贫困标准是：2011—2015年，人均年收入480万越盾以下，折合成人民币就是1511元。巴西的贫困标准是：按照最低工资的二分之一来确定，呈现出动态变化的特征。具象到中国来看，我国的国家扶贫标准在不同时代具有不同内涵。20世纪80年代的国家贫困标准线比较单一，只是相当于最低的"吃饭线"。而目前中国国家扶贫标准已经扩大了其内涵，发展到了多个维度，不仅是保障贫困人口的吃饭问题，还要使贫困人口获得教育、医疗、住房、社会保障等诸多方面的公共服务。适应贫困内涵扩展的变化要求，中国的国家扶贫标准也呈不断提高趋势。1985年，中国将人均年纯收入200元确定为贫困线，2009年这一标准为1196元。2011年，中国的贫困线是农村（人均纯收入）贫困标准为每人每年2300元；2015年，这一标准动态调整为2855元。随着社会的发展进步，这一标准肯定还会相应提高。当然，我国发达地区与落后地区的扶贫标准还不是完全一致的，部分发达地区的扶贫标准高于国家标准。

尽管不同国家的贫困标准不尽一致，但国际上还是有一个可供衡量的贫困线的标准。世界银行在2015年10月初宣布，按照购买力平价计算，国际贫困线标准是每人每天生活支出1.9美元（约每人每天是12元人民币；此前是1.25美元，约合人民币8—9元）。按照这个国际标准来衡量，中国的贫困标准还是偏低，但考虑到不同国家的消费习惯、消费指数、物价水平等因素，单纯从数字上来看，可能也不是完全准确的。

无论从中国自己的标准,还是从国际标准来衡量,中国的减贫成就都是巨大的。实施改革开放政策40年来,中国走出了一条中国特色的发展道路,基本实现了千年发展目标。1978—2010年的30多年间,按照我国扶贫标准,中国累计减少2.5亿贫困人口。参考国际扶贫标准,中国共减少6.6亿贫困人口,同期,全球贫困人口减少7.26亿,全球贫困人口数量减少的成就93.3%来自中国。另据国务院新闻办2016年6月份公布的《〈国家人权行动计划(2012—2015年)〉实施评估报告》,2012至2015年,中国农村贫困人口减少6663万人。中国扶贫开发成效显著,贫困人口大幅减少,减贫成就是有目共睹的,为世界减贫事业做出了巨大的贡献。我们党和政府以强烈的历史责任和历史担当,走出了中国特色扶贫开发新路子,强化了当代中国的道路自信、理论自信、制度自信和文化自信,彰显了社会主义的制度魅力;也为全球更有效地进行减贫治理贡献"中国智慧"和"中国方案",提高了中国的影响力和话语权。

中国的减贫成就巨大,这是不争的事实,但贫困问题的存在同样也是不争的事实。贫困问题仍然是我国现阶段经济社会发展的一个"短板",是中国需要优先解决的重大民生和社会问题,也是全面建成小康社会必须跨过的一道关口。鉴于前期减贫工作的基础和成就,进入新时代背景下的减贫思路也就相应地出现了新的变化,主要表现为由之前的粗放式扶贫向精准扶贫的转变。精准扶贫是粗放扶贫的对称。在较长一段时期内,我国的扶贫方式基本上是属于那种粗放式扶贫,是一种"大水漫灌"的"输血"式的扶贫。这种扶贫方式如前所述,有成就,但也有明显的局限性。最明显的局限性和不足之处就是自身造血功能不健全,内生发展动力不足。随着时间的推移,这种扶贫方式和政策的"边际效用"呈现递减趋势,而扶贫减贫的惰性却呈现增长趋势。如果继续沿用过去那种扶贫方式,难以彻底解决中国现有的扶贫问题。因此,由粗放式扶贫过度到精准扶贫是中国扶贫进行到新阶段后的新举措,符合中国的国情和实际。

关于"精准扶贫"的思想是2013年11月习近平在湖南湘西考察时首次提出来的。2015年1月和6月在云南和贵州调研时多次提及这一理念。在科学谋划"十三五"时期扶贫开发工作时，习近平总书记提出扶贫开发"贵在精准，重在精准，成败之举在于精准"，并将精准扶贫思想具体概括为"扶贫对象精准、项目安排精准、资金使用精准、措施到户精准、因村派人精准、脱贫成效精准"六个方面，并且说"精准扶贫"要真正做到真扶贫、扶真贫、动真格。习近平总书记以强烈的时代自觉和改革创新精神，坚持问题导向和目标导向，破解扶贫开发深层次矛盾和问题，深刻阐述了"六个精准"的要求、"五个一批"的路径以及"扶持谁""谁来扶""怎么扶""如何退"四个关键问题。"精准扶贫"思想是中国共产党和政府今后一个时期对于贫困治理工作的指导性思想和行动指南，将对中国扶贫成败起到决定性作用。

精准扶贫要取得好的成效，必须要考虑贫困群体的愿望和内生需求。一般来说，精准扶贫主要是就贫困居民而言的，通俗地说就是谁贫困就扶持谁。理解"精准扶贫"的要义，用老百姓的话讲，就是"对症下药，药到病除"。也就是说，"精准扶贫"应该围绕贫困群众"想做什么、能做什么、能帮什么"来展开，以不断增强扶贫的针对性、实效性和获得感。

实现精准扶贫应创新模式，完善机制。由于贫困问题成因的复杂性，所以解决贫困的思路和模式也不尽相同。不同地区应因地制宜，不断探索减贫扶贫的对策措施。"十三五"时期是减贫扶贫攻的攻坚期。我国完成减贫目标的时间表和路线图是，以2014年底农村贫困人口7017万计算，可分为5000万和2000万两大板块分头解决。到2020年，通过产业扶持、转移就业、易地搬迁、教育支持、医疗救助等措施解决5000万左右贫困人口脱贫问题；完全或部分丧失劳动能力的2000多万人口全部纳入农村低保制度覆盖范围，实行社保政策兜底脱贫。这一时间表和线路图的落实和实施,完成全面建成小康社会的最后"一公里",使得全面建成小康社会完全脱贫的目标如期实现。据国家统计局在2016年2月发布的《2015年国民经济和社会发展统计公报》显示:2015年我国农村贫困人口从上年的7017万减少到5575万,减少1442万人(比上年多减210万人),贫困发生率从上年的7.2%下降到5.7%。年度减贫1000万人以上的任务超额完成。同时,中国社会保险制度体系进一步健全。2014年,城镇居民社会养老保险制度与新型农村社会养老保险制度合并实施,建立起全国统一的城乡居民基本养老保险制度。截至2015年底,全国养老保险参保人数达8.58亿人,其中城乡居民基本养老保险参保人数达5.05亿人,职工基本养老保险参保人数达3.53亿人,超额完成计划预期目标。这些重要指标表明,精准扶贫的价值目标经过多方面努力后正在得到稳步实施,正在显现出由现实的可能性转化为客观现实的良好前景。

在"精准扶贫"思想中,应着力抓住精神脱贫这个战略重点。"十年树木,百年树人",教育扶贫能让贫困地区的居民尤其是孩子掌握知识、改变命运、造福家庭,是最有效、最直接的精准扶贫。精神扶贫主要包括扶贫扶志气、扶贫扶智慧两个方面。首先,扶贫要扶志气。扶贫工作中"输血"重要,"造血"更重要,扶贫先扶志气,一定要把扶贫与扶志有机地结合起来,既要送温暖,更要送志气、送信心。这主要针对的是成年人特别是成年劳动力而言的。既扶贫又扶志,在精神上与贫困绝缘,调动扶贫对象的积极性,提高其发展能力,发挥其主体作用。其次,扶贫必扶智慧。摆脱贫困需要智慧,培养智慧的根本措施是教育,这主要是针对贫困地区的儿童而言的。联合国教科文组织的研究表明,不同层次受教育者提高劳动生产率的水平不同:本科300%、初高中108%、小学43%,人均受教育年限与人均GDP的相关系数为0.562。可见,教育扶贫在精准扶贫方面的先导功能更具根本性、可持续性。把贫困地区孩子培养出来,这才是根本的扶贫之策,也是阻断贫困代际传递的重要途径。在"互联网+"时代,知识的贫困与缺失、信息数字鸿沟的扩大比物质财富的差距本身更可怕。扶贫必扶智慧,让贫困地区的孩子们接受良好教育,是扶贫开发的重要任务。贫困地区的儿童掌握了相应的知识、具备了必要的劳动技能,就可以跨过就业创业的一些门槛,进入就业创业的职场,凭借自己的劳动贡献,从而获得相应的工资待遇,他们的存在感、获得感、价值感就会丰富和具体起来,社会地位也会相应提高。经过这样一个过程,就能逐步地改变他们的生产方式、生活方式和思维方式,实现他们从传统社会向现代社会的转变,实现人的根本改变。所以,在精准扶贫方面,器物层面、物质层面的扶贫固然重要,但精神方面的扶贫更具战略性、根本性,因此更加重要。

减贫与发展是反映经济转型、社会进步的一面镜子,如何对待社会弱势群体和贫困人口,体现着国家的道德和社会的良心。为实现扶贫脱困的国家发展战略,社会舆情、社会爱心力量的关注和支持也是至关重要的。要充分发挥传统媒体和新型媒体的作用,努力营造扶贫攻坚的社会氛围,形成扶贫攻坚的社会自觉。我国已将每年的10月17日设为"扶贫日",不少人将"1017"谐音为"邀您一起",意在最广泛地动员社会力量投入扶贫济困工作。社会爱心企业、爱心人士的善举,体现了社会进步。他们的善举、义举为扶贫脱困树立了榜样,提供了正能量,应该为他们的行为点赞!目前,扶贫攻坚已上升为国家战略,体现为国家意志。2015年政府工作报告首次提及精准扶贫。党的十八届五中全会通过的"十三五"规划对减贫目标及重大举措进行了顶层设计,全会提出贫困县要全部摘帽,还提出创新、协调、绿色、开放、共享五大发展理念。随后中央政治局召开会议进行的专题研究,国务院也进行了专门部署。在党的十九大报告中又把脱贫攻坚列为全面建成小康社会决胜期的三大攻坚战之一,做出让贫困人口和贫困地区同全国一道进入全面小康社会是我们党的庄严承诺。可以说扶贫攻坚进入了最后关键的冲刺阶段,措施得力,目标可期。

全面小康是全体中国人民的小康,"扶贫成败与否"与"全面建成"目标的实现存在巨大的关联。"精准扶贫"已上升为国家战略,通过贫困人口自身的不懈努力,党和政府政策的作用力、执行力,社会各界的援助力,市场机制的牵引力,国际社会的合作力,把各种力量整合起来,勠力同心,坚定信念,坚决打赢扶贫攻坚这场硬仗,使包括贫困人口在内的近 14 亿全国人民一道体面地、有尊严地进入全面小康社会的行列,实现国家繁荣、文明、进步的美好愿景。

(作者简介:吕学山,男,潍坊学院马克思主义学院教授)

新时代条件下我国老龄产业发展研究

大力发展老龄产业,是十八大以来党中央针对日益严峻的人口老龄化形势做出的战略部署。习近平总书记在 2016 年 5 月 27 日中共中央政治局第三十二次集体学习时强调,要着力增强全社会积极应对人口老龄化的思想观念,着力完善老龄政策制度,发展养老服务业和老龄产业,更好地推动我国老龄产业持续健康地发展。

一、老龄产业的含义及内容

随着社会进步和科技的发展,人们的需求种类和层次也会发生变化,往往会催生新行业的出现。我国老龄化趋势和程度日益加深,以满足老年人特殊需求的养老服务设施、日常生活用品和社区服务、娱乐业等新型产业像雨后春笋般涌出,业内称之"老龄产业"。

老龄产业,英文称为 Elderly People Property,在国外也称为"银色产业"。老龄产业是以年龄以及由年龄决定的消费特征为标志而划分的产业,是在人口老龄化过程中兴起的一门特殊产业,是由老年人市场需求增长带动而形成的产业,是为老年人提供商品、设施和服务,满足老年人特殊需要的,包括老年人衣食住行以及精神文化方面需求的具有同类属性的行业、企业经济活动的集合。老龄产业有广义和狭义之分,广义的老龄产业泛指服务对象是针对老年人口的产业体系,包括专门为老年人提供产品、劳务和就业的营利性经济实体以及福利慈善性实体。狭义的老龄产业仅指专门为老年人提供产品和就业的营利性经济实体。①

老龄产业在我国发展起步较晚。1997 年 5 月 28 日，在中国首次老龄产业研讨会上，中国老龄协会会长张文范首次公开提出"老龄产业"的说法。从我国的国情和老年人的特殊要求出发，同时考虑到未来老龄产业的发展框架，老龄产业主要包括以下几类：

1. 卫生健康服务业

这是老龄产业应急需发展的项目之一。它为老年人提供医疗保健药品和医疗器械，主要涉及药品、医疗器具、保健品以及老年人常用的辅助医疗设备等。

2. 老年日常生活用品业

这也是老龄产业急需发展的项目。为老年人提供诸如手杖、服装、饮食、餐具、防滑器具以及其他方面的专用品，比如升降式轮椅或床、呼叫器或警报器等。日常生活用品，需要在进行市场需求调研的基础上设计并进行研发。

3. 家政服务业

这是高年龄段尤其需要发展的老龄产业项目，同时也是老龄产业应优先发展的项目之一，主要以护理、日常家庭照顾、家庭修缮以及各种用品修理等为主。②

4. 老年房地产业

主要为老年人提供建筑设施，比如老年公寓、托老所、护理医院等，而以住宅为重。目前，我国社会主要存在三种不同的养老方式，养老方式的不同也导致产生了不同的养老住宅需求。第一种是子女赡养。多数农村地区的老人和少数城市没有固定收入和储蓄的老人，需要靠儿

---

① 黄必富：《中国老龄产业发展问题研究》，西南财经大学硕士学位论文，2005 年。
② 曾霞：《我国老龄产业发展对策研究》，大连海事大学硕士论文，2007 年。

女提供住所、支付赡养费。过去，父母完全依靠子女赡养的重要前提是多子女，但是随着目前"421"或"422"家庭结构趋势的日趋明显，这种赡养方式一方面难以保证老年人的生活质量，另一方面也不同程度地给儿女造成了很大的经济负担。第二种是社会赡养。社会抚养主要由政府承担，但政府有限的财力主要针对的是有困难的老人，如"三无老人"等。目前，中国的经济发展水平决定了无法实现完全的社会养老，社会养老负担越来越重，例如2004年中国养老保险达到3502亿，比2000年增加65.5%。第三种是自养。城市中有固定收入的离退休职工，以自养为主。在大中城市，越来越多的老人有能力依靠自己年轻时的积蓄安度晚年。尽管退休后的老年人的退休金远低于工作时的收入，但因他们多拥有自己的房产，故基本不存在经济困难问题。

5. 老年教育产业

这是为实现"老有所学"这一目标而发展的老龄产业项目。许多老年人在退休后，希望通过不断学习新知识来丰富自己的精神文化生活，紧跟时代步伐，这为老年教育产业的发展提供了广阔空间。目前发展老年大学、老年职业培训是我国发展老龄教育产业的主要内容。

6. 金融业

随着我国社会保障制度的持续推行和保障面的不断扩展，老年人退休金的不断上涨，老年人的经济状况越来越好，伴随着银行金融理财产品的推出，一些有经济头脑的老人将会借助金融产品来增加自己的养老保障。因此，积极发展、培养老年客户经理或代理人，不断开发出新的金融产品，帮助老年人制定储蓄、理财产品投资规划等，就显得尤为重要。

7. 老年保险业

主要为老年人提供人身保险、健康保险、养老保险等，养老保险为老年人提供了基本生活保障，使老年人老有所养。伴随着我国老龄化程度的加深,抓住机会积极开拓老年人保险市场,不断开发出新的保险产品。① 截至2016年9月末,我国保险机构已为9000多家养老机构提供风险保障700多亿元,支付已决赔款1723万元、未决赔款1566万元。②

8. 老年旅游和娱乐业

旅游业是一项集观光、运动、疗养、休闲和娱乐于一体的大众活动,这类项目包含内容宽泛,老年人有经济基础和空闲时间,诸如发展老年旅行社,在旅游淡季组织老年专项旅游团,建设一批适合老年人娱乐要求的农家乐、棋牌室、聊天室、歌吧等休闲娱乐场所等。既缓解了老年人的晚年孤独感,又增加了经济效益。

二、我国发展老龄产业的原则

发展老龄产业,整体上要有"找准切入点、按顺序推进、借助市场运作、营销方式灵活"的战略思考。

"找准切入点"是指要带动整个老龄产业的持续发展,就要选择适合当地老年人需求的老龄产业项目,作为发展老龄产业的突破口。我国南北差异大,老年人的饮食、服装、日常生活的需求不同,应因地制宜,结合地区特点,以求准确切入当地老龄产业的发展。

"按顺序推进"是要从空间和产业项目两个层面上,循序渐进地发展老龄产业,要综合考虑产业发展的可行性和老年人需求的轻重缓急等因素,结合国家的发展政策,比如现在发展的医养结合的养老中心等。

"借助市场运作"是指发展老龄产业要不断培育市场体系,以市场需求为导向,借助市场进行广泛的宣传,让大家在比较中做出选择,逐步使老龄产业走上社会化、产业化和规模化的经营之路。

---

① 曾霞:《我国老龄产业发展对策研究》,大连海事大学硕士论文,2007年。
② 冯占军:《保险业参与老龄事业具有先天优势》,载《中国保险报》,2017年12月20日。

"营销方式灵活"是指老龄产业的生产商要全面灵活地实施产品定价、促销和分销的策略,针对收入层次不同的老年人要采取不同的价格,真正让老龄产品满足老年人消费的需求,不断激发并强化老年消费者的消费意愿。

政府作为老龄产业的主体,在推动老龄产业发展方面主要发挥三个方面的作用:

第一,通过增加财政投入,发展老年社会公益性事业。如开展无障碍设施建设;针对老年人的需求举办养老院、福利院等福利设施,解决无保障老年人的基本生活,直接为有需求的老年人提供生活资源和服务。

第二,建立健全各项社会保障措施,为老年人提供最基本的养老保障、医疗保障等制度安排,解除老年人消费的后顾之忧;同时在大力发展经济的基础上,不断提高老年人的收入水平,提高老年人的消费观念,提高其购买能力和购买的积极性。

第三,对老龄产业的发展提供政策扶持,制定和执行相关产业政策,推动养老产业化、社会化、市场化,鼓励和帮助企业、社团、个人以及外资等各方面力量参与老龄产业,创造良好的老龄产业发展的市场环境和社会环境,丰富适合老年人物质和精神多方面需要的产品和服务的供给。

三、我国发展老龄产业面临的障碍

老龄产业发展有着现实的必然性和紧迫性。我国对老龄产业的认识和发展起步比较晚,老龄产业发展与经济社会发展的要求很不适应,远远落后于人口老龄化发展的要求。正视现实,我国发展老龄产业依然面临着如下一些障碍:

1. 从宏观上看,我国的市场经济体制发展亟待完善,老龄产业的某些领域缺少相应的法规约束,尚处于盲目无序的发展状态。这使得诸多企业和商家对老龄产业未来发展的前景把握不准,导致信心不足。

2. 从产业发展的规范上看,老龄产业的发展缺少政府政策性的有力支持与引导。政府和社会各方面也认同老龄产业必须走社会化、市场化、产业化的路子,但缺乏一套全面系统的战略思路和产业规划,以致相关涉老政府职能部门如工商、民政、老龄委、劳动、物价、计委等部门之间不能通力合作,资金筹措比较困难。

3. 老年人的有效消费需求潜力很大,当今一些发达国家的统计表明,在国民公共支出方面,65岁以上的老年人的支出是年轻人的3倍,消费潜力很大。预计我国到2025年和2050年,老年人潜在的市场购买力可望达到14000亿元和50000亿元,而且这还不包括占我国老年人口2/3的农村老龄人口。① 众多养老观念已发生明显改变的60至70岁的老人将会在社会养老模式由福利型向产业型过渡的过程中,对老年住宅市场起着强有力的支撑。但就目前而言,大多数老年人的总体收入水平及增长速度都低于社会平均水平,再加上许多老年人进入多病状态,医疗费用开支较大,在一定程度上影响了老年人的购买力,造成了老龄产业发展过程中的有效需求不足的局面。

4. 对老龄产业认识的误区。许多厂商认为老龄产业是一个利润低甚至是不赚钱的行业,认为老年人消费很理智,特别抠,对老龄产业的发展前景和潜力心存疑虑。这种观点带有极大的片面性。老年人消费具有以下特点:要求产品具有便利功能;购买和使用商品的过程,受习惯势力的影响大,注重产品使用和服务消费的安全性;注重产品和服务的保健功能;大部分支出用于购买食品和医疗保健品,多为理性消费,讲求产品和服务的实用和价格相对低廉,具有很强的品牌忠诚度;存在一些硬性消费需求,如失能、高龄老年人对护理服务的特殊需求;消费需求多样化,层次明显;老年人的饮食、精神文化和医疗卫生护理需求上

---

① 黄必富:《中国老龄产业发展问题研究》,西南财经大学硕士学位论文,2005年。

升，在消费心理上，方便化、保健化和舒适化的产品更受老人喜爱，等等。老年消费群体的特点，决定了我国老龄产业的发展具有长期性、增长性、稳定性、多样性等特征。

四、发展我国老龄产业的对策

进入社会主义新时代，习近平同志以新视角审视老龄问题和老龄工作，引领我国老龄事业进入视野更为开阔的新阶段。[①] 习近平同志指出"人口老龄化是世界性问题，对人类社会产生的影响是深刻持久的"。我国是世界上人口老龄化程度比较高的国家之一，老年人口数量最多，老龄化速度最快，应对人口老龄化任务最重"[②]。将老龄工作方针由"党政主导、社会参与、全民关怀"调整完善为"党委领导、政府主导、社会参与、全民行动"。将"党政主导"调整为"党委领导、政府主导"，既突出了党委总揽全局、协调各方的引领作用，为老龄工作提供了根本保障；又凸显了政府在老龄工作中的主体责任，有利于政府更好地发挥在制定法规政策、建立制度、出台规划、提供信息、投入资金、培育市场、实施监管、营造氛围等方面的主导作用。[③] 新时代条件下，发展老龄产业必须有新的对策：

第一，制定老龄产业发展的中长期规划，逐步消除老龄产业发展的体制机制性障碍。

我国老龄政策制度的框架目前还存在制度不衔接不配套、关键领域政策制度空缺等问题，缺乏相关的总体规划，这是制约我国老龄产业发展的重要因素。针对政策制度不衔接、不配套的问题，习近平同志提出

---

① 李芳、李志宏：《党的十八大以来老龄工作的新视角、新思维、新战略》，载《国家行政学院学报》，2018年第3期。
② 习近平主持中共中央政治局集体学习，2016-05-28，http://www.81.cn/jmy。
③ 李芳、李志宏：《党的十八大以来老龄工作的新视角、新思维、新战略》，载《国家行政学院学报》，2018年第3期。

"不断完善老年人家庭赡养和扶养、社会救助、社会福利、社会优待、宜居环境、社会参与等政策,增强政策制度的针对性、协调性、系统性"。针对老龄政策制度存在的短板和缺项问题,提出"四项制度",即要建立老年人状况统计调查和发布制度、长期照护保障制度、养老机构分类管理制度、老年人监护制度。同时提出"四项政策",即制定家庭养老支持政策、扶助老年人慈善支持政策、农村留守老人关爱服务政策、为老服务人才激励政策。[①] 在产业市场培育和老年产品开发方面,缺乏相关的产业指导,缺乏政策性支持和扶植,使老龄产业长期处于自主、无序、盲目的发展状态。国家应当尽快制定全国老龄产业发展的中长期规划,明确产业发展的目标、重点领域和实现这些目标的手段、政策机制,并据此制定鼓励和引导老龄产业发展的相关优惠政策。[②] 各地政府也要依据国家总体规划的要求,制定地区性的老龄产业发展规划,并纳入当地国民经济和社会发展总体规划之中。

目前,我国老龄产业的发展还存在着一些体制机制性障碍。比如,由于老龄产业是跨行业的综合性产业群,贯穿生产、流通、销售和消费等各个环节,涉及民政、财政、劳动保障、计委、税务等多个部门。各部门职能交叉,条块分割,不利于老龄产业的快速健康发展。[③] 因此,对老龄产业的管理应相对集中,实行归口管理,这样便于统一政策,有计划地进行发展。这就需要政府的各涉老工作部门,特别是老龄工作委员会要加大协调力度,在调查研究的基础上,推动相关政策法规的制定,引导老龄产业发展步入法制化、规范化的管理轨道,并逐渐形成政策扶持体系,为老龄产业的发展营造良好的政策环境。消除阻碍社会力量参与老龄产业的体制机制性障碍,取消对民办养老服务设施和老龄产

---

① 《党委领导政府主导社会参与全民行动推动老龄事业全面协调可持续发展》,载《人民日报》,2016年5月29日,第1版。
② 刘云佳:《老龄政策亟待完善与细化》,载《中国房地产报》,2010年5月31日。
③ 吴玉韶:《加快推动老龄产业发展》,载《经济日报》,2014年6月12日,第14版。

业的种种限制。

第二，制定和完善扶持老龄产业发展的优惠政策，鼓励社会力量参与老龄产业。

我国老龄工作当前还存在综合决策和协调机制不健全、部门联动不足、社会力量参与不够、基层老龄工作机构薄弱等问题。对此，习近平同志从健全顶层设计和夯实基层基础的角度，提出了明确要求。在顶层设计上，强调要"完善党委统一领导、政府依法行政、部门密切配合、群团组织积极参与、上下左右协同联动的老龄工作机制"。在基层基础上，提出"三个要有"，即在基层"要保证城乡社区老龄工作有人抓、老年人事情有人管、老年人困难有人帮"。[①] 目前，老龄产业在市场上还大多是微利行业，市场发育不够，经营难度很大，需要政府积极发挥作用，根据老龄产业发展的客观需要，及时制定和出台相关优惠政策。给予老龄产业税赋政策优惠。对符合老年人需要但利润较低的产品，可以在税收上进行优惠或者减免；对老龄产业在土地使用、用水、用电、用气等方面给予一定的政策性照顾，研究实行老龄特种产业或产品财政补贴政策，为保障老龄产业持续运营和健康发展提供有利条件。牵头组织老年用品推介会、老年产业博览会，对与老年人生活密切相关的产品实施质量认证，加强老龄产品的宣传，帮助企业提高知名度和信誉度，积极帮助老龄企业打开市场。鼓励社会力量积极参与老龄产业。制定社会捐助、慈善事业荣誉褒奖的相关政策，鼓励全社会关爱、关注老年人，支持老龄产业的发展。研究出台相关办法，对社会和企业向福利、公益性质的老龄产业进行捐助的，可以折抵税赋，或者获得到相应的荣誉褒奖。在尊重老年人消费习惯的同时，加大健康消费、科学消费的宣传，帮助老年人转变传统的消费观念，形成科学的消费观。

第三，遵从市场经济的原则，引导老龄产业市场化经营，加强老龄

---

① 孙晓飞、兰青：《风帆正举 鹏程万里》，载《中国老年》，2016年第13期。

产业市场监管。

市场化道路,是当前我国老龄产业发展的主要方向。通过市场这只看不见的手为老龄产业进行资源配置,有利于实现资源使用效益的最大化,这也要求政府遵从市场经济的原则,把政府行为和市场行为分开,引导老龄产业进行市场化经营。比如,在政府有关部门的积极引导下,生产某类老年用品的企业适当地联合和集中,走集约化大生产的路子,有利于集中优势力量,增强企业的竞争力。趋利性是企业的本性,只有获得相应的盈利,企业才能生存和发展。在市场经济条件下,很多老龄产业,特别是其中的老龄企业的经营活动是一种市场行为,片面追求企业利润的最大化,往往会出现一些负面效应。当前,由于市场监管不健全,缺乏相关的执行标准,导致假冒伪劣的老年用品在一定范围内泛滥。比如,在需求旺盛的老年保健品市场,不法厂家和经销商利用老年人对健康的重视,和子女对长辈的孝心,玩弄一些新名词新概念,欺骗广大老年人及其子女,向他们推销质次价高的产品甚至伪劣产品,或者把保健品当作药品予以推销,吹嘘其疗效,进行坑蒙拐骗。对这些不法行为,需要政府出面,通过行政法律手段,加大整治力度,保障老龄产品和服务市场健康运行。

第四,建立资质评估系统和行业标准。

建立统一的老龄产业鉴定、评估与考核管理机构,对行业管理以及出台相关优惠政策,具有十分重要的意义。由于老龄产业是一个跨部门的综合性产业,其主管部门也比较多,管理职能相对分散,对产业性质的界定也比较困难,因此有必要成立统一的老龄产业鉴定、评估与考核机构,建立资质评估系统。比如,严格界定生产、销售老年用品和提供老年的企业或服务机构,以便真正使上述企业得到相应的政策优惠与扶持。有了这样一套评估系统,老龄产业和市场的管理就方便得多,有利于相关部门对口管理,可以定期对政策扶持的涉老生产企业或服务机构进行重新认定,动态地监督与评估上述企业的经营活动。根据我国的实际情况,及时出台老龄产业发展的行业标准和规范,对老龄产业的健康运营至关重要。对同类产品,要抓紧制定相关标准规范,以便于监督检查。

(作者简介:张守德,男,潍坊学院马克思主义学院副教授)

新时代推进马克思主义大众化应理顺的几个关系

党的十七大报告提出了推动当代中国马克思主义大众化的战略任务，使马克思主义大众化在中国走向国家和民族复兴、实现中国梦的道路上不仅成为一种迫切的理论诉求，更成为一种现实需要、时代强音和历史使命。

党的十八大报告再次强调指出："要推进马克思主义的中国化、时代化、大众化，坚持不懈用中国特色社会主义理论体系武装全党、教育人民"。[①]

党的十九大报告指出："必须推进马克思主义中国化、时代化、大众化，建设具有强大凝聚力和引领力的社会主义意识形态"。[②] 习近平总书记在主持中共中央政治局就当代世界马克思主义思潮及其影响进行的第四十三次集体学习时强调："我们党是用马克思主义武装起来的政党，马克思主义是我们共产党人理想信念的灵魂。发展和创新当代中国马克思主义，必须立足中国、放眼世界，时刻保持与时俱进的理论品格和理

[①] 《坚定不移沿着中国特色社会主义道路前进　为全面建成小康社会而奋斗——在中国共产党第十八次全国代表大会上的报告》，载《人民日报》，2012年11月18日，第1版。

[②] 《决胜全面建成小康社会　夺取新时代中国特色社会主义伟大胜利——在中国共产党第十九次全国代表大会上的报告》，载《人民日报》，2017年10月28日，第1版。

论联系实际的宗旨,深刻认识马克思主义在时代发展中的理论意义和现实意义,锲而不舍推进马克思主义中国化、时代化、大众化,使马克思主义在中国人民实现中国梦和民族伟大复兴的进程中放射出更加灿烂的真理光芒。"①

新时代新形势下,如何使马克思主义理论广泛深入人民群众的心灵、更好地服务于人民群众,集中全国人民的力量,同心同德,在新时代和新征程中不断向前迈进,实现马克思主义与民族复兴、时代发展、群众实践的相互融合、相互促进,成为我们面临的重大理论课题和实践课题,也是马克思主义在新时代、新形势下焕发强大生命力和感召力的必然要求。为此,我们一方面对大众化的科学内涵要有深刻理解和正确把握;另一方面,要结合当代中国实际,全面理顺马克思主义大众化与中国化、时代化、民族化的关系,继续坚持马克思主义的指导地位,并以新的实践为基础,加强理论创新,在实现中华民族伟大复兴和中国梦的实践中探索行之有效的实现马克思主义大众化的方法和途径。

一、马克思主义大众化的科学内涵

马克思主义是中国共产党的根本指导思想,在中国革命和社会主义建设及改革开放的实践中,我们党努力把马克思主义的普遍真理与中国具体实际相结合,坚持理论与实践相结合,实事求是,解放思想,不断进行理论创新,推动中国革命、建设和改革取得了一系列重大成就,也使马克思主义理论在中国深入人心,广泛传播,在实现中国化的进程中,不断推进大众化、时代化及民族化。

马克思主义大众化,"就是把马克思主义的基本原理、基本观点采用大众通俗易懂的语言和老百姓喜闻乐见的形式通俗化、具体化、生活

---

① 《继续推进马克思主义中国化时代化大众化——在中共中央政治局第四十三次集体学习上的讲话》,新华社,2017年09月29日。

化,使之更好地为人民大众所理解、所接受、所运用。它是一个将马克思主义的基本原理由抽象化到具体化、形象化,由学术性到通俗化、生动化、生活化,由少数人掌握的科学理论变成广大人民群众的共识、成为广大群众所认同、理解的思想理念和价值观念,并内化为人民大众自觉的生活方式和行为方式的过程"①;是使马克思主义理论指导下的伟大实践由少数人的领导指挥转变为广大人民群众自觉行动的过程;更是使马克思主义创新成为人民群众自觉参与、主动传播、不断丰富完善的过程。推进马克思主义大众化,"关键在于突出马克思主义的人民性、时代性、通俗性,关注和回应大众的需求和呼声,解答大众困惑,不断彰显马克思主义理论的生命力、亲和力、感召力,弘扬与时俱进的理论品质。"②

"革命导师列宁早就说过,最高限度的马克思主义等于最高限度的通俗化。马克思主义本质上是人民大众的理论。"③ 大众化是马克思主义革命性、阶级性和人民性以及其与时俱进的理论品质的根本体现,是马克思主义最鲜明政治立场的必然要求,革命和科学的理论只有回到实践和群众中去,为群众所接受、所掌握,才能发挥其指导实践的巨大作用,才能永葆生命力和真理性。

马克思主义大众化并不是一个新的命题。从世界范围来看,它是自马克思主义诞生之日起就存在的现实的动态发展过程,记录着一个多世纪国际共产主义运动的风起云涌和世界范围内无产阶级革命和斗争的光辉历程。就中国而言,它见证了马克思主义在中国生根、发芽、开花、结果,并在中国社会主义革命、建设和改革开放的实践中不断创新和发展的历史进程。

---

① 韩狄明、詹兆雄:《"三化"是马克思主义的国别、时代和民族的三维历史定位》,载《延边党校学报(社会科学版)》,2010年第5期。
② 韩振峰:《为什么要推进马克思主义中国化时代化大众化》,人民网—人民日报,2010年08月16日。
③ 韩狄明、詹兆雄:《"三化"是马克思主义的国别、时代和民族的三维历史定位》,载《延边党校学报(社会科学版)》,2010年第5期。

今天，我党之所以把马克思主义大众化重新提到战略高度，是因为当今世界正处在大发展大变革大调整时期，世界格局多元化，全球化愈演愈烈，我国也正处在走进新时代、踏入新征程、面临新挑战的重要战略时期。面对新的世情、国情和党情，如何让马克思主义理论更广泛地深入人民群众的心灵，更好地服务于人民群众，以便集中全国的人力物力智力，不忘初心、砥砺前行，实现马克思主义在新时代和新征程中与人民信仰、民族复兴、时代发展、群众实践等的相互促进、相互融合，成为新时期我们面临的重大理论和实践课题。

为此，我们一方面要正确理解、科学把握马克思主义大众化的科学内涵，"在实践中不断探索实现马克思主义大众化的有效途径，坚持用马克思主义的立场、观点、方法观察、分析和解决我国经济社会发展中的一系列实际问题，不断推进改革开放和社会主义现代化建设事业，更好地满足人民群众的新期待、新需求，不断推进理论创新"[①]；另一方面，要理顺和协调好大众化与中国化、民族化、时代化的关系。马克思主义中国化、时代化、大众化以及民族化实际上是一个问题的多个方面，它们都是在实现中国化进程中的必然要求和本质体现，它们的发展既有共时性、共通性和统一性，但又各有内涵、侧重和定位，互为发展的前提和条件，是一个统一的有机体。正确理解它们之间的关系，对于新时期"不断推动当代中国马克思主义大众化，让当代中国马克思主义放射出更加灿烂的真理光芒"具有重要的理论意义和现实意义。

二、马克思主义大众化与中国化

中国化是马克思主义理论在中国的创新和发展，是把马克思主义基本原理同中国具体实际相结合，"形成具有中国特色、中国风格、中国

---

① 徐晨光：《牢牢把握推进马克思主义大众化的关键》，载《人民日报》，2011 年 2 月 16 日，第 7 版。

气派的中国化的马克思主义理论,把握中国国情是实现马克思主义中国化的基础,运用马克思主义的立场、观点、方法研究和解决中国革命、建设和改革不同历史时期的实际问题,深入总结中国人民的独创性经验"①,并在实践中坚持、发展、创新马克思主义理论,这是马克思主义中国化的根本要求。马克思主义中国化就是在于运用马克思主义理论探寻中国历史发展中的客观规律,它指向历史辩证法中的"客体"一极。②立足中国国情、研究中国问题、指导中国实践,是不断推进马克思主义中国化的基本要义。

大众化是马克思主义中国化进程中的必经之路,是指把马克思主义的基本原理、基本观点通过通俗化、具体化的形式,丰富生动地呈现在人民大众面前,使之更好地为群众所理解、所接受并内化成自己的思想观念。马克思主义大众化的根本要求是关注大众需求、回应大众关切、解答大众困惑,不断推进马克思主义与人民大众的有机结合,使之成为人民群众的思想旗帜和行动指南。说的更为直接点,马克思主义大众化就是试图让马克思主义转化为"大众"的"精神武器",成为在历史发展中的主体能动性因素。所以它指征着历史辩证法的"主体"一极。③

马克思主义中国化与大众化之间又存在着辩证统一关系,它们统一于以人民群众为主体的中国革命和中国特色社会主义建设与发展的伟大实践中,既相互联系、彼此促进,又不能简单等同和取代。其中,中国化是实现大众化的前提和保障,大众化需要广泛而坚固的群众基础,没有马克思主义理论与中国具体实践相结合创新和发展形成的中国化理论

---

① 孙亮:《破除马克思主义大众化研究中的"五个伪命题"》,载《延边党校学报(社会科学版)》,2010年第1期。
② 孙亮:《破除马克思主义大众化研究中的"五个伪命题"》,载《延边党校学报(社会科学版)》,2010年第1期。
③ 孙亮:《破除马克思主义大众化研究中的"五个伪命题"》,载《延边党校学报(社会科学版)》,2010年第1期。

形态，不立足中国国情、不解决中国问题，马克思主义难以在实践中广泛传播，难以近距离深入人民群众内心并为群众所掌握、所信仰。所以，中国化要求并促成大众化，大众化则是中国化的根基、目的，马克思主义如果不为大众所广泛理解、接受和掌握，就是不彻底和全面的中国化。所以，马克思主义要对中国革命、建设和改革发挥指导作用，就必须中国化。同样，当代中国马克思主义要对发展了的新实践发挥巨大指导作用，必须大众化。[①]

因此，只有在推进马克思主义中国化的进程中，不断与时俱进，将马克思主义理论与中国实践相结合产生的最新成果，以通俗易懂、贴近实际、贴近生活、贴近群众的内容和形式深入群众，广泛传播，才能使人民大众不但成为马克思主义中国化理论的主动学习者，而且成为自觉的传播者、践行者和创新者，突出人民群众创造历史的主体地位和作用，使马克思主义真理在新时代绽放出更加灿烂的光芒。

三、马克思主义大众化与民族化

马克思主义大众化与民族化的关系充分体现了矛盾的普遍性与特殊性辩证关系原理。任何一种理论都是时代的产物，都不可避免地带有它所产生的时代烙印和与民族特色相关的特质，马克思主义也不例外。它的应用、发展及创新，是一个同当时当地历史文化、社会发展和民族特质相适应、相结合的过程，即马克思主义民族化的过程。在这种结合中，普遍的真理被具体化，具体的实践经验和不同的民族文化优秀成果被概括和提升，融汇成一种体现着普遍性和特殊性相结合并行之有效的新型理论，成为该民族、国家和地区的革命和建设的指导思想，从而使马克思主义理论打上深刻的民族性烙印。

马克思主义理论的民族化是一个在传播、应用、发展创新中尊重民

---

① 姚安泽：《马克思主义中国化与大众化》，载《厦门理工学院学报》，2008年第1期。

族文化特质、重视不同民族的发展历史、情感需求，体现多民族和而不同的思想观念和行为方式的过程，它一方面内含在中国化和大众化的过程中，一方面又促进大众化的发展。它是一个传承中华民族历史发展，注重中华民族的特殊性，研究各民族现实需要的多样性，继承和发展各个民族的优秀文化，创造解决民族问题的特殊方式。它以特有的民族文化和语言阐述马克思主义的基本理论和核心思想，形成具有中华民族特色的理论风格和传播方式，从而使马克思主义基本原理同中华民族优秀历史文化相结合、相融合，并使中国优秀传统文化以新的形式延续和创新发展，充分体现马克思主义"中国气派、中国风格和中国特色"的过程。

当代马克思主义的大众化离不开民族化。鲜明的民族特色可以为实现马克思主义大众化提供广泛的民族情感和心理认同基础。要坚持"把马克思主义真理的力量深深熔铸在中华民族的生命力、创造力、凝聚力之中，重视从中华民族优秀传统思想文化中吸收营养，实现中华文化传统和中华民族精神与马克思主义理论的融汇贯通，从而加深人民大众对马克思主义理论的心理和文化认同"。[①] 要不断吸收、整合、创新中国优秀传统文化中思想和文化资源，赋予马克思主义本土文化的特征，使中华民族特有的优秀传统文化智慧在理论传播和创新中得以彰显和提升，使马克思主义以新的理论形式和传承方式，深深根植于中华民族的文化特质、民族特性之中，使各民族人民将马克思主义内化于心，自觉践行。

同时，大众化又促进民族化的发展。中国作为一个多民族团结融合的国家，不同地区的各民族人民既要遵循国家法律和道德规范内的统一的思想观念、行为准则，践行社会主义核心价值观，同时又因民族和所处地域不同，在文化、语言、风俗习惯等方面，在政治、经济、文化和

---

① 欧阳国庆:《大众化：当代中国马克思主义的生命张力》，载《马克思主义与现实》，2009年第5期。

社会发展等方面都存在着一些差异。因而，当代中国马克思主义在推进和实现大众化过程中，"必须反映这种差异，体现出民族特色或区域特色，展现出浓郁的民族风情或地方色彩，使之符合不同民族、不同地方群众的情感、心理需求、认知方式、价值认同，为不同民族、不同地方的普通群众所理解、所掌握，转化为他们的信仰、价值准则、行为方式，促进各民族的共同繁荣与发展。"①

四、马克思主义大众化与时代化

时代是思想之母，实践是理论之源。一切伟大的时代，都需要理论先行、思想领航。习近平同志在哲学社会科学工作座谈会上的重要讲话指出："只有聆听时代的声音，回应时代的呼唤，认真研究解决重大而紧迫的问题，才能真正把握住历史脉络，找到发展规律，推动理论创新。"②

与时俱进是马克思主义最鲜明的理论品质，也是推进和创新大众化的题中之义，更是大众化的关键和保障，它关乎到理论的生命力和真理性。马克思主义自它诞生那天起，就表明它不是教义而是行动的指南，是一个开放的体系，随着时代的发展而发展。170多年来，不同国家不同时代的马克思主义者，既高举马克思主义理论旗帜进行了波澜壮阔的无产阶级革命，又结合实践和时代发展新特征，创新和发展着马克思主义，使马克思主义紧跟时代发展，与时代特征紧密结合，不断吸收新内容，注入新活力，保持着与时俱进的创新态势。马克思主义时代化是夯实中国化、推进大众化的根本要求，它要求理论要紧跟时代主题，引领时代思想潮流，准确把握时代脉搏，用新范畴、新论断积极回应时代挑

---

① 蒋国海：《论中国特色社会主义理论体系大众化》，载《湖南师范大学学报（社会科学版）》，2010年第4期。
② 《习近平同志在哲学社会科学工作座谈会上重要讲话》，新华社，2016年05月18日。

战,与群众同呼吸、共命运,科学解读并解决当今世界和时代发展中出现的新问题、新矛盾,使中国在马克思主义理论引领下走进新时代,踏上新征程。

同时,马克思主义大众化是中国化、时代化和民族化转化为物质力量的根本途径。中国化、时代化的成果,只有被广大群众所理解和掌握,才能转化为改造主客观世界的物质力量。中国化、时代化的成效要通过大众化来检验,其发展动力要靠大众化来提供。没有大众化,中国化、时代化就不成功、不彻底,就丧失了源于人民大众的不竭动力。①

当今时代是一个大发展、大变革、大调整、大开放的新时代,机遇与挑战并存。身处这样一个大的时代背景,中国社会本身也正在经历着一场前所未有的历史变迁。新问题、新情况、新矛盾层出不穷,人们的思想观念正在发生着巨大变化,各种思想、文化、思潮不断碰撞、交锋。如何应对这些时代性的新变化、新挑战,回答时代提出的新课题,解决时代发展中出现的关系到国计民生的重大现实问题,成为当代中国马克思主义时代化的首要任务,也成为推进当代中国马克思主义大众化必须跨越的门槛。因此,当代中国的马克思主义者必须以改革发展稳定中的实际问题、以我们正在做的事情为中心,以广大人民群众的根本利益为出发点,着眼于新时代社会主要矛盾的转变,面对新情况,解决新问题,不断赋予马克思主义新的内涵与时代特征,实现马克思主义大众化与时代化的共同发展。

总之,马克思主义中国化、时代化、大众化、民族化是一个各有内涵、侧重又相互联系、不可分割的统一整体,只有从整体上把握、理顺它们之间的辩证关系,才能实现当代中国马克思主义与民族复兴、时代发展、群众实践的相互融合、相互促进,才能不断推进新时代中国马克

---

① 李芳尚:《大力推进马克思主义中国化、时代化、大众化》,载《理论导报》,2010年第11期。

思主义大众化的发展,让当代中国马克思主义与时俱进,永葆生机与活力,并在建设有中国特色的社会主义伟大实践中放射出更加灿烂的真理光芒。

(作者简介:韩冬云,女,潍坊学院马克思主义学院副教授)

中国社会组织管理体制改革发展研究

中国社会组织管理制度的建立，前提是坚定中国特色社会主义道路，深入贯彻习近平总书记系列重要讲话精神，按照"四个全面"战略布局要求，贯彻落实"创新、协调、绿色、开放、共享"发展理念。一方面积极引导发展，另一方面严格依法管理，充分发挥社会组织服务国家、服务社会、服务群众、服务行业的作用。

党的十八届三中全会通过《中共中央关于全面深化改革若干重大问题的决定》（以下简称《决定》），强调社会组织参与政府购买公共服务的重要性。《决定》提出"推广政府购买服务，凡属事务性管理服务，原则上都要引入竞争机制，通过合同、委托等方式向社会购买"。全面深化改革加快了社会组织的健康发展，社会组织已成为我国社会主义现代化建设的重要力量，对促进中国经济社会协调发展、推动社会和谐稳定、扩大对外交流、参与全球事务治理、巩固党的执政基础等领域发挥了积极作用。根据民政部2010—2018年发布的《社会服务发展统计公报》数据分析，近几年来，中国社会组织数量快速增长，如图1所示①。目前，中国语境的社会组织范围实际上已经远远超出了民政部系统内的三大类社会组织类型，现在社会组织和整个中国改革开放同步发展到一

---

① 根据民政部发布《社会服务发展统计公报》制作，图中的社会组织主要是民政部登记管理的社会团体、民办非企业单位（社会服务性机构）、基金会。

个新的阶段。这样的发展离不开党的战略性规划和积极的扶持培育政策，各级政府理性认识社会组织突飞猛进发展的现实，转变社会治理方式，对社会组织的治理由严控型的"限制发展"转为包容型的"培育引导"方式。

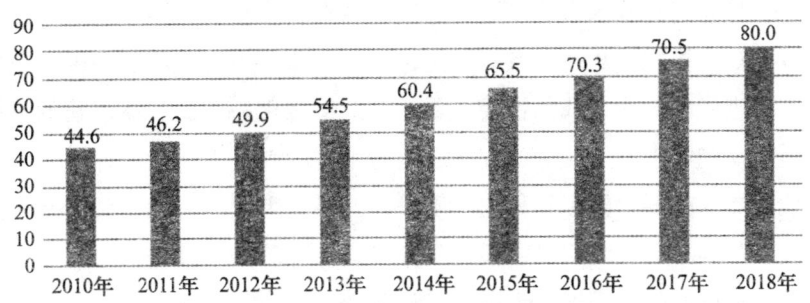

图1　2010年底—2018年底社会组织数量（单位：万）

一、正确认识党、政府与社会组织的关系

在中国共产党的引领下，社会组织与政府形成了合作共赢的发展模式。政府部分职能逐渐向市场和社会转移，社会组织是承接政府职能的主要力量之一。社会组织提供社会服务，需要政府创造良好的发展环境，社会组织要实现组织使命、持续生存，需要得到政府的大力扶持。

（一）政府与社会组织合作共赢关系逐步深化

1. 政府与社会组织合作的领域不断扩大

政府与社会组织之间是重要的利益相关者，是建立在尊重、平等、互惠互利基础上的合作伙伴关系。2013年9月30日，国务院发布《关于政府向社会力量购买服务的意见》（以下简称《意见》），确定社会力量包括民政部登记成立或经国务院批准免于登记的社会组织，以及依法登记成立的企业、机构等。可购买的服务内容包括教育、就业、社保、医疗卫生、住房保障、文化体育及残疾人服务等基本公共服务。2014年11月25日，财政部和民政部联合颁布《关于支持和规范社会组织承接政府购买服务的通知》，更进一步确定了社会组织在承接政府职能中的主体地位。

从具体的实践来看，鼓励社会组织进入法律法规未禁止的公共服务领域，社会组织可承接的政府职能超出了法律列举的范围。中国特色社会主义进入新时代，我国社会主要矛盾已经转化为人民日益增长的美好生活需要和不平衡不充分的发展之间的矛盾。满足人民对美好生活的多样化需要，就要提供多样化的优质服务。社会组织的活动领域涉及人民生活的各个方面，政府可购买的服务包括行业管理、社会治理、民生保障等。在行业管理领域，重点购买行业评价、行业规范、行业标准、行业统计、职业考评、等级认定等服务项目；在社会治理领域，重点购买社区服务、社会工作、法律援助、特殊群体服务、矛盾调节等服务项目；在民生保障领域，重点购买社会福利、社会救济、社会事业等公共服务项目。

社会组织参与脱贫攻坚工作的开展，把政府与社会组织的合作推上了新的发展阶段。按照党的十九大关于动员全党全国全社会力量参与脱贫攻坚的要求，2017年11月，国务院扶贫开发小组发布《国务院扶贫开发领导小组关于广泛引导和动员社会组织参与脱贫攻坚的通知》，提出要广泛引导和动员社会组织（主要是在民政部门登记的社会团体、基金会、社会服务机构）积极参与脱贫攻坚工作。明确指出社会组织是参与专项扶贫、行业扶贫、社会扶贫"三位一体"大扶贫格局的重要组成部分，全国性社会组织和省级社会组织要发挥模范带头作用，参与产业扶贫、教育扶贫、健康扶贫、易地搬迁扶贫、倡导志愿扶贫等各项脱贫攻坚工作。在党中央的号召下，各地各类社会组织发挥专业优势、资源动员优势，创新推广了各类精准扶贫项目。

2. 政社分离改革步入新阶段

"政社分离"就是政府从社会组织中退出，放开对社会组织在人事权、财政权等方面的控制，给予社会组织发展的主动权。通过转变政府职能，把政府行政管理与社会自我管理分开。以往的"政社不分"严重不适应新时期创新社会治理方式的要求。

2015年7月，中共中央办公厅、国务院办公厅印发《行业协会商会与行政机关脱钩总体方案》，为政社分离改革提供了新的蓝图。方案提出行业协会商会与行政机关实现机构分离、职能分离、资产财务分离、人员管理分离、党建外事分离的"五脱钩、五分离"要求。这是指导行业协会商会改革的纲领性文件，方案明确了脱钩改革总路径和具体的任务书，有助于加快形成政府依法行政、行业协会商会依法自治的新体制，为推进其他社会组织的政社分离探寻了改革之路和创新措施。

"政社分离"是行政改革中的一项重要议题，是政府职能转变和公共管理新模式的探索过程，离不开科学理念的引导和实践经验的总结，在改革过程中要避免政社分离后社会组织成为"二政府"或"私人化"组织的两种极端。

（二）加强中国共产党对社会组织的领导和培育

1. 中国共产党对社会组织的领导地位不动摇

"政社分离"并不意味社会组织完全脱离党的领导，相反，更应该加强党的核心领导地位。中国共产党代表人民群众的利益，一切工作符合人民群众的利益需求。社会组织设立的初衷是公益或互益，组织活动的宗旨和中国共产党为人民谋福利的初衷是一致的。社会组织是群众的基层组织，具有专业优势和组织动员优势，如何更好地发挥社会组织的优势，关键是党要发挥好引领统筹作用。中国共产党勇于自我革新，清醒认识当前社会组织发展带来的巨大机遇和挑战，积极创新工作方式，加强和改善对社会组织的领导和培育，让社会组织在党的领导下，成为全面建设现代化强国的凝聚力量之一。坚持党的领导与社会组织依法自治相统一，把党的工作与社会组织的运行发展相融合。党是社会组织的领导核心，党对社会组织的领导建立在肯定社会组织的自治能力，尊重社会组织发展规律的基础上，实现党的大局把控和引领作用。

2. 稳步推进社会组织党建工作

加强社会组织党建工作，对于加强党对社会组织的领导，引领社会组织正确发展方向；对于激发社会组织活力，促进社会组织在推进国家治理体系和治理能力现代化进程中更好发挥作用；对于把社会组织及其从业人员紧密团结在党的周围，不断增强党的阶级基础、扩大党的群众基础、夯实党的执政基础，都具有重要意义。

社会组织设立党组织是新形势下出现的新现象，这一政策经历了数十年的探索和发展。从20世纪90年代开始，我党持续推动社会组织的党建工作，扩大党在社会组织中的覆盖面。党的十七届四中全会通过《中共中央关于加强和改进新形势下党的建设若干重大问题的决定》指出，"全面推进各领域党的基层组织建设，实现党组织和党的工作全社会覆盖，做到哪里有群众哪里就有党的工作、哪里有党员哪里就有党组织、哪里有党组织哪里就有健全的组织生活和党组织作用的充分发挥。""抓紧在非公有制经济组织建立党组织，加大在中介机构、协会、学会以及各类新社会组织中建立党组织力度"。根据中央的部署，各级民政管理部门都成立了指导小组，指导社会组织党建工作，组织社会组织参加深入学习实践科学发展观、创新争优、群众路线教育实践活动。党的十八大报告指出，"要落实党建工作责任制，加大社会组织党建力度，扩大党组织和党的工作覆盖面"，党建工作在现代社会组织体制的建设过程中地位凸显。

2015年9月，中央办公厅发布的《关于加强社会组织党的建设工作的意见（试行）》是社会组织党建工作的顶层制度设计，明确了社会组织党组织的功能定位、社会组织党建工作的管理体制和工作机制，为新形势下全面加强社会组织党建工作指明了前进方向。

第一，党建工作范围扩大。除在民政部门注册的社会团体、民办非企业单位和基金会之外，还包括社会中介组织和城乡社区社会组织。第二，准确定位社会组织党组织的功能。社会组织党组织是党在社会组织中的战斗堡垒，开展党的活动，发挥政治核心作用。第三，党建工作管理体制得以理顺。由于社会组织的特性，社会组织党建工作必须统筹规划、整体联动，必须由党委及其组织部门、登记管理部门以及业务主管单位共同合作，形成合力。需要根据具体情况分别对全国性社会组织、地方性社会组织、城乡社区社会组织以及有业务主管单位的社会组织的党建工作区别规范。第四，分类推进有效覆盖。社会组织的工作人员有专职人员，还有更多的志愿人员，流动性比较大。加上社会组织的自治性质，在社会组织内建立党组织是一个渐进的过程，要具体情况具体分析，不能整齐划一采用一个模式。社会组织的党组织可以采用灵活多样的形式，按单位建立党组织、按行业建立党组织、按区域建立党组织，分类推进，逐步实现全覆盖。

二、社会组织双重管理体制的改革和直接登记制的推进

（一）双重管理体制的形成与实践

在1989年之前，我国政府对社会组织的管理比较松散，社会团体无须集中登记注册，几乎所有党政机关按照权限都参与社会团体的管理，不限制社团成立分支机构，也没有限制社团竞争的"一地一会""一业一会"的原则。

改革开放后，为了促进市场发展，维护市场秩序，鼓励各行业协会商会登记注册成立，开始实行登记注册制。1988年，国务院授权民政部成立社会团体管理司，负责社团的登记注册工作。同年，《基金会管理办法》出台，规定基金会的建立，应先经其归口管理的业务主管部门报

经人民银行审查同意后,才能在民政部门登记注册,从此确立了社会组织的"双重管理制度"。1989年民政部出台的《社会团体登记管理条例》进一步明确了登记管理机关和业务主管单位的双重管理方式,即"归口登记、双重负责、分级管理、限制竞争"。各级民政部负责本级内社会团体的登记工作,有关业务主管部门负责指导社会团体的活动,同一行政区域内不得成立相同或相近业务的社会团体。

双重管理体制建立在社会组织的管控思维之上,试图通过复杂的制度设计,将社会组织可能带来的负面影响和潜在风险降至最低。但是这种制度模糊了行政确认和行政许可的边界,社会组织是由公民自由结社形成的,先于行政确认而产生,但是双重管理制度重点放在行政许可,要求满足一定条件的社会组织才能予以登记,这样的结果就使大量的社会组织找不到业务主管单位的许可而游离在登记之外,成为没有法律地位的社会组织。

双重管理制度在早期社会组织的规范化管理实践中发挥了实质性的作用,但是在实践中也出现了不可回避的问题。双重管理导致了"重入口登记,轻日常管理"和"管理权限不清"的现象。强化入口管理,重视社会组织的登记条件,限制了社会组织健康有序的发展。在日常管理过程中,社会组织难以得到登记机关和业务主管部门的有效服务,首先,社会组织的数量庞大、类型多样,登记管理机关和业务主管单位缺少专业性的管理人员,疏于对社会组织发展的研究和日常的监督。其次,业务主管单位的管理带有明显的"行政化"色彩,对社团活动过于干预,同时导致社团对政府过于依赖,丧失社团组织的自治性。最后,登记管理机关和业务主管单位的管理权限不明确,各自为政,互相推诿。

(二) 双重管理体制的改革趋势和直接登记制的发展

原有的注册登记制度一定程度上阻碍了社会组织的发展,新时期,从中央到地方展开了一系列社会组织登记注册制度的改革尝试。

1. 放宽登记限制和简化登记程序

2003年，民政部印发《关于加强农村专业经济协会培育发展和登记管理工作的指导意见》，指出在不违背《社会团体登记管理条例》基本精神的基础上，对农村的各类经济协会放宽登记条件、简化登记程序。

2013年11月8日，《国务院关于取消和下放一批行政审批项目的决定》，取消了民政部对全国性社会团体分支机构、代表机构设立登记、变更登记和注销登记的行政审批项目。该决定中指出全国性社会团体经理事会或常务委员会讨论通过，可自行决定分支机构、代表机构的设立、变更和终止，并妥善保存相关会议纪要，同时建立健全管理制度。全国性社会团体的分支机构和代表机构不具有法人资格，只在授权范围内开展活动，不得独立进行财务核算。取消全国性社会团体筹备审批以及商务部对在华外国商会的前置审批，清理规范行政审批中介服务事项，切实减轻社会组织负担，放开登记限制条件，简化登记程序。

2. 发展和推广直接登记制与备案制

（1）直接登记制的试行和推广

直接登记制是指符合条件的社会组织可以不需要业务主管单位的审批，直接向民政部门申请登记。自2006年起，民政部先后在深圳、广州、北京、温州等多个城市启动全国社会组织建设创新示范区，各地结合地区发展状况，解放思想，创新社会组织管理制度。目前，深圳、广州、温州是全国范围最广、力度最大实行社会组织直接登记制的城市。深圳市最早实行行业协会由民政部直接登记的管理制度，到2012年，深圳市直接登记的社会组织范围扩大到工商经济类、社会福利类、公益慈善类、社会服务类、文娱类、科技类、体育类和生态环境类。温州推出除依据法律法规需要行政审批以及政治类、宗教类、社科类社会组织外，全部实行直接登记制。

2016年8月21日,国务院办公厅发布《关于改革社会组织管理制度促进社会组织健康有序发展的意见》,指出稳妥推进直接登记,行业协会商会类、科技类、公益慈善类、城乡社区服务类社会组织,采用直接登记制。目前,全国范围内均实行这四类社会组织的直接登记方式。

(2) 社会组织管理备案制的应用范围

从实践来看,备案制的应用主要是两类社会组织,一类是境外非政府组织在境内的临时活动备案管理。境外非政府组织在境内开展临时活动的计划以及计划变更需要向其所在地的省级人民政府公安机关有关部门备案。另一类是国内社区社会组织。2010年10月,深圳市民政局印发《深圳市社区社会组织登记和备案管理暂行办法》,对街道(或社区)范围内由自然人、法人和其他社会组织自愿组成,并在街道(或社区)范围内开展活动,但尚不具备登记条件的社区社会组织实行备案管理。社区社会组织可以实行备案管理是因为社区社会组织活动范围较小,参与人员固定,便于社区基层组织的监督和管理。

三、构建社会组织发展的良好生态环境

深化社会组织领域"放管服"改革,打造"审批事项少、办事效率高、服务质量优"的政务环境,高质量的服务环境是社会组织健康持续发展的保障。

(一) 各项社会组织扶持政策落实到位

1. 依法改进社会组织薪酬福利管理制度

薪酬是吸引人才、激励人才、留住人才的重要手段,是社会组织人才队伍建设的重要保障。以往的社会组织没有科学合理的职位体系,薪酬设计没有进行岗位评估,绩效管理缺失或不完善,导致没有绩效工资

或者设置不合理。① 社会组织很少提供职业培训或培训内容落后，导致社会组织从业人员对薪酬制度和职业发展不满意。建立科学合理的社会组织薪酬福利制度，不仅增加从业人员认同感，也能提高公众对社会组织的认可，改变公众的传统公益观念，尊重社会组织人员提供的各项服务。

民政部2016年6月14日印发《民政部关于加强和改进社会组织薪酬管理的指导意见》，明确了社会组织薪酬管理的基本原则和总体思路，提出依据岗位设置，结合岗位绩效评价，建立社会组织绩效工资制度。意见要求科学评价社会组织从业人员的贡献，合理拉开收入差距，加大激励力度，奖惩分明。为了补偿从业人员额外的劳动消耗和因其他特殊原因可以在基本薪酬之外，增加津贴、补贴以及生活补助费用。社会组织的薪酬管理制度纳入社会组织内部决策事项，经由各自组织理事会或会员大会共同商讨确定，在适当范围内予以公布，接受民主监督。

2. 细化各类资金扶持和税收优惠等政策

政府向社会组织购买服务是最大的资金支持方式。除此之外，各级地方政府陆续组建社会组织发展基金会，构建以公共财政为引导，以福利捐赠资金、福利事业资金为主体的多渠道资金扶持方式。财政部、税务总局、海关总署、民政部等部门出台了非营利组织免税资格认定管理、公益性捐赠支出企业所得税税前扣除、公益事业捐赠票据使用等政策。人民银行及各地商业银行纷纷响应国家政策，制定社会组织信贷优惠政策。各项政策在实践中不断得以细化完善，落实到位。

（二）严厉打击整治非法社会组织

面对社会组织较高的增长速度，更应该重视社会组织质量的提升。

---

① 王爱敏：《社会组织薪酬制度研究》[DB/OL]，http://www.chinanpo.gov.cn/700103/92530/newswjindex.html

打击整治非法社会组织是保证社会组织质量、保持社会组织健康发展的必要方式。当前开展打击整治非法社会组织专项行动，是新时代对社会组织管理工作的必然要求，也是贯彻落实以人民为中心发展思想的重要举措。

社会组织是当前我国经济社会发展的重要力量之一，为了加快社会组织的培育和孵化，各级政府加大提供资金、场地、项目技术支持等各种优惠政策。让一些不法分子认为有利可图，他们以公益慈善的名义，化身社会组织，甚至是国际性组织的身份，弄虚作假，坑蒙拐骗，敛取钱财，损害广大公众的利益，玷污社会公益事业的形象。更有些不法之徒，打着社会组织的名义，传播不良意识形态，颠倒黑白，抹黑中国发展取得的成就，意图挑衅国家主权，破坏祖国统一。对于这类非法社会组织，民政部依靠党的力量，联合相关执法机关，依法查处，坚决取缔，这是民心所向。还有一类社会组织是未经民政部批准审核或未依法登记的社会组织，需要登记管理机关依据实际情况，积极引导登记注册，使其成为合法社会组织，扶持其建立合法的组织结构，开展合法的组织活动。

（三）依法建立社会组织信息监管体系

社会组织在快速发展，简化前置审批手续的同时，必然对加强事中事后监管提出新的要求。推进社会组织"放管服"改革，必然要实现行政监管、组织自律与社会监督的有效结合。诚信是社会经济发展的有力保障，社会组织监管的主要内容之一是诚信。社会组织诚信建设是社会信用体系建设的重要环节。依法对社会组织信用监督，一是可以增强社会组织的责任心，使其更好地提供社会服务；二是有利于政府依据信用等级管理社会组织，推进政府购买社会组织服务及奖惩激励政策的落实；三是有利于广泛调动社会积极性，通过社会组织信用信息的公开，开展广泛的群众监督。

《中华人民共和国慈善法》规定"应当建立慈善组织及其负责人信用记录制度",正在修订的《社会组织登记管理条例》也将信用监管纳入其中,为社会组织信用管理提供了法律依据和政策支撑。2018年1月24日,民政部公布《社会组织信用信息管理办法》,以建立信用约束为核心,主要分为五部分内容。一是明确社会组织信用信息范畴;二是规定社会组织信用信息管理的基本原则;三是规定活动异常名录和严重违法失信名单的具体情形;四是确定信用监管的程序要求,包括认定程序、移出程序、异议处理等;五是明确守信激励和失信惩戒措施。

四、社会组织成为国家治理体系的主体之一

新时代下,社会组织已被纳入"五位一体"总体布局,在经济、政治、文化、社会、生态领域发挥重要的作用,成为新时代社会治理体系的重要主体之一。

(一)确定了社会组织国家治理主体地位

2017年10月1日起实施的《中华人民共和国民法总则》中确定非营利法人包括事业单位、社会团体、基金会、社会服务机构。从法律层面给予社会组织与事业单位同等的法人地位,社会组织被全面纳入国家治理体系。在提供社会服务方面,社会组织与事业单位具有公平竞争的权利,同时受到非营利法人的民事约束。十九届三中全会通过《中共中央关于深化党和国家机构改革的决定》,把社会组织纳入党和国家机构改革的工作之一,与事业单位改革、群团组织改革为同一层级进行论述,充分体现了社会组织在国家治理体系建设中的重要地位。社会组织与人民团体、企事业单位一起被视为在党的统一领导下,协调行动、增强合力的九大主体之一,成为党总揽全局、协调各方中被独立看待的一

支重要力量。①

(二) 社会组织统战工作和社会组织协商民主取得新成果

1. 加强社会组织统战工作

当代中国正处在实现中华民族伟大复兴的关键历史时期,在中国共产党的领导下,最大限度地团结一切可以团结的力量,充分调动各方的积极性、主动性和创造性,推动中国社会主义事业的整体全面发展。统一战线是中国共产党夺取革命胜利、执政兴国的重要法宝,群众路线是党的生命线和根本路线。中国共产党始终走群众路线,团结一切可以团结的力量,实现中华民族伟大复兴。新时期,社会组织数量剧增、活动领域广泛,成为党外群众聚集联络的重要渠道,社会组织是当今新的社会阶层,是党和政府密切联系群众的桥梁,也是党和政府要凝聚的新力量。开展社会组织统战工作是创新社会治理体制的必然要求,是分实执政基础的必然要求,是推动统战工作开拓创新的必然要求。

2. 社会组织协商成为社会主义协商民主的渠道之一

"社会主义协商民主制度"是十八大提出的我国人民民主的重要形式,是十八大的重要历史贡献,也是重大理论创新。民主协商是统一战线的传统优势,是中国特色社会主义制度的具体体现,协商民主是实现党的领导的重要方式,是我国社会主义民主政治的特有形式和独特优势。社会组织协商进一步完善了社会主义协商民主体系。

一个成熟的现代文明社会,是政府、企业、社会三种力量通过博弈达到动态均衡的社会②,社会组织是社会力量的集中代表。党的十八届三中全会提出要"构建程序合理、环节完整的协商民主体系,拓宽国家

---

① 张振:《新时代我国社会组织发展取得十大新成就》,中国社会科学网[DB/OL],http://ex.cssn.cn/glx/glx_yc/201805/t20180517_4255817.shtml

② 《何谓社会组织协商》,载《北京日报》,2015年2月2日。

政权机关、政协组织、党派团体、基层组织、社会组织的协商渠道",中央政治局于 2014 年 12 月 29 日审议通过的《关于加强社会主义协商民主建设的意见》明确提出要"逐步探索社会组织协商"。社会组织协商是其他协商民主渠道的重要补充,也是培养公民精神的重要场域。习近平同志在党的十九大报告中指出,"要推动协商民主广泛、多层、制度化发展,统筹推进政党协商、人大协商、政府协商、人民团体协商、基层协商以及社会组织协商。"社会组织协商包括政府与社会组织的协商、企业与社会组织的协商、社会组织之间的协商。

民主协商就是要协调和处理好各方的利益关系。社会组织协商也是要找出政府与社会组织、党与社会组织、群众与社会组织的最大公约数。社会组织整合组织内群众的利益诉求,通过协商途径表达群众意见、纳入决策程序、参与国家治理。社会组织协商还是一个新事物,协商的内容在逐渐的发展扩大,从最初的社会领域,到经济领域,直至政治领域,是一个不断实践推进的过程。社会组织协商为公众参与公共事务提供了开放的渠道,推动和谐社会建设,促进公共决策科学化民主化。

五、形成独特的境外非政府组织管理制度

新时期,境外非政府组织在中国境内开展活动的方式和范围发生了一系列的变化,面对境外非政府组织带来的机遇和挑战,应该采用科学的管理方法加以规制。

(一)纳入管理体系的境外非政府组织有特定的范围

联合国 2003 年对非政府组织的定义是"在地方、国家或国际组织起来的非营利性自愿的公民团体"。由于各国历史文化背景和政治制度不同,非政府组织的种类和活动形式不同,对非政府组织的表述也各有侧重点。国内对非政府组织的表述常常使用"第三部门""社会组织"

"慈善组织""非营利部门"等。2016年，我国出台的《境外非政府组织境内活动管理办法》中规定的境外非政府组织，是指境外合法成立的基金会、社会团体、智库机构等非营利、非政府的社会组织，不包括国际上非政府组织中通常包含的科研机构、公立学校、公立医院等。从法律角度分析，境外非政府组织对应于中国境内社会组织的概念，它并不是一个专业名词。境外非政府组织的管理制度是我国社会组织管理制度的一个组成部分。

（二）境外非政府组织的双重管理制度

国内对境外非政府组织的定义和范围划分决定了特殊的管理方式，区别于其他国家的管理制度。在《境外非政府组织境内活动管理办法》出台以前，我国对境外非政府组织的管理属于"不承认、不取缔、不干预"的三不政策，相关管理法律散落在《基金会管理条例》和《外国商会管理暂行规定》中，基本上也是采用"双重管理"的登记模式。以往在华活动的境外非政府组织需获得合法活动资格。一种方式是取得政府或政府机构的批准或者与政府或政府机构签订协议取得登记资格，实际上就是需要找到相关的业务主管单位，然后在民政部门注册登记。另一种是采用工商注册登记的方式，以国外企业法人身份从事活动。

《境外非政府组织境内活动管理办法》出台后，规定了境外非政府组织新的登记和备案制度，依法保障境外非政府组织的合法活动。该管理办法参照社会组织双重管理制度，但是与国内社会组织双重管理略有不同。第一个不同是境外非政府组织的登记管理机关是国务院公安部门和省级人民政府公安机关，不是民政部门。第二个不同是境外非政府组织的业务主管单位是国务院有关单位、省级人民政府有关部门和单位，不包含市区级人民政府。同时规定，"国务院公安部门和省级人民政府公安机关会同有关部门制定境外非政府组织活动领域和项目目录，公布业务主管单位名录，为境外非政府组织开展活动提供指引。"这部法律曾引起国内外的巨大争议,国内有人认为该法律为境外非政府组织打开了进入中国的大门,国外有些国家认为该部法律阻碍了双方国际交流。这部立法的出台明确的表明了中国对境外非政府组织的观点。第一,将境外非政府组织看作是中国与国际交流合作的正常方式和渠道,不能一味的排斥,欢迎各国境外非政府组来华参与合法的公益活动;第二,肯定了以往境外非政府组织对中国发展的积极贡献,促进了中国公益事业的进步;第三,境外非政府组织的管理应该法制化和专业化。对境外非政府组织在华活动提供常态的服务,保障境外非政府组织正当合法活动的开展,同时需要周全的法规进行有力的约束和监管,防止损害公民权益的违法行为和破坏国家主权的分裂行为。

六、及时规范引导网络社会组织的发展

现代中国移动互联网技术的发展和应用已经走在了世界的前列,网络社会的概念已成为实在的内容。传统社会组织形式发生了改变,不再受场地、交通的限制,利用互联网平台,形成新型的网络社会组织。根据网络组织活动的性质不同,可以将网络社会组织分为两大类,一类是网民自愿发起、自愿结合的,基于共同的兴趣爱好或为了表达某种诉求而成立的网络社会组织。这类组织的特点一是形式种类多样,二是组织及组织成员不稳定,三是组织活动多采用网络信息传播的媒体手段。另一类是为了规范网络信息行业发展,由网络企业行业发起的网络协会学会等网络组织,以网络信息协会、网络计算机协会、网络媒体协会的形式出现,这类社会组织对网络技术发展、网络环境净化有一定促进作用。

网络社会组织的新特征,对社会组织的管理提出了新的要求,不能限制于传统的思维模式和方法,必须借助互联网信息技术,以互联网为依托,采用新型的管理方式,需借助网络社会组织的自治力量,通过网络信息引导加以管制。

中国网络社会组织联合会简称"中网联",英文名称为China Federation of Internet Societies(缩写：CFIS),于2018年5月在北京成立。"中网联"是由国内网络安全和信息化领域的社会组织、相关机构等自愿结成的全国性、联合性、枢纽性非营利性社会组织,具有社会团体法人资格。"中网联"的宗旨是在党和政府的领导下,积极发挥桥梁纽带作用,统筹协调社会各方资源,促进网络社会组织发展,凝聚网络社会组织力量,强化网络社会组织作用的发挥,引导网络社会组织互相学习、共同提高,增强个体活力和整体工作水平。"中网联"的成立为国家和社会共同维护互联网秩序、维护网络安全、发展网络公益、参与网络生态综合治理提供了良好的平台,是对网络社会组织积极引导的有效渠道。

七、结束语

中国特色社会组织管理体制的建设以党的领导为中心,坚持改革创新、坚持放管并重、坚持积极稳妥推进。当前中国特色社会组织管理体制基本确立,顶层制度设计蓝图不断完善,基层实践活动逐步展开。从法律到实践,从实践到制度相辅相成。社会组织的内涵和外延逐步清晰、登记管理制度更好地促进了社会组织的健康发展；社会组织党建工作顺利开展,社会组织成为我们党联系群众的载体,成为党执政的重要社会基础；各种保障措施和扶持政策为社会组织创造了良好的生态环境；社会组织协商制明确了社会组织参与国家治理的地位和合法方式；境外非政府组织的管理纳入法制化、网络社会组织管理常态化,使中国社会组织法制化管理更加全面。尽管在具体的实践中,还有不少需求细化和改进的方面,但是中国特色社会组织管理制度符合中国特色社会主义的发展方向,实现了党的领导和依法管理相统一,今后"法治化生存、规范化管理、透明化运行、专业化发展"是中国社会组织努力的方向。

(作者简介：杨彩霞,女,潍坊学院马克思主义学院讲师)

新时代潍坊加强离退休干部组织管理的思考

离退休干部工作是我党工作的重要部分，寄托着党中央对广大离退休干部的深情厚谊，具有特殊重要的地位。进入新时代，离退休干部党员队伍的整体结构、生活、思想、需求等状况都发生了很大的变化，致使该群体组织管理出现了一系列新的情况和新的问题，如何更好的凝聚和释放广大离退休干部党员正能量，进一步加强和改进该群体的组织管理，显得尤为重要。

一、改进离退休干部组织管理工作的丰富意蕴

1. 从树立正确政绩观角度考量离退休干部组织管理工作的新定位

"全面从严治党永远在路上"，是新时代条件下我党坚持问题导向，勇于自我革命，全面推进管党治党实践而提出的科学命题。2014年10月8日，习近平总书记在党的群众路线教育实践活动总结大会上指出："各级各部门党委（党组）必须树立正确政绩观，坚持从巩固党的执政地位的大局看问题，把抓好党建作为最大的政绩。如果我们党弱了、散了、垮了，其他政绩又有什么意义呢？各级党委要把从严治党责任承担好、落实好，坚持党建工作和中心工作一起谋划、一起部署、一起考

核，把每条战线、每个领域、每个环节的党建工作抓具体、抓深入，坚决防止'一手硬、一手软'"。①"把抓好党建作为最大的政绩"，这个重大论断，使党建工作上升到前所未有的高度，要求我们必须进一步深刻领会加强和改进党的建设的极端重要性，真正把党建工作摆到更加突出位置，真正扛起全面从严治党的政治责任。

全面从严治党突出管党治党的"全面性"，突出党建覆盖范围的全方位、无死角、无禁区。根据中组部公布的《2017年中国共产党党内统计公报》显示，截至2017年底，中国共产党党员总数为8956.4万名，其中61岁及以上党员人数为2518.3万名。若以61岁作为离退休的初始年龄，则离退休党员数量截至2017年底占比达到28.12%。可见，从数量上来看，超四分之一份额的离退休党员党建工作的成效将直接影响到全面从严治党的效果。可见，离退休干部党建工作也理应纳入党建工作大局给予通盘考量。

2. 引导离退休干部党员为党和人民事业增添正能量

根据国务院印发的《国家人口发展规划（2016—2030年）》，未来十几年特别是2021—2030年，我国人口发展进入关键转折期。人口总量将在2030年前后达到峰值，但老龄化程度将不断加深，至2030年老年人口将达到4亿左右，占比将超过28%。老年人是一个庞大的群体，引导得好，能够使社会更稳定，相反就有可能出大问题。而离退休干部党员是其中素质较高、政治思想较好的先进组成部分，是老年群体的中坚和骨干。因此，离退休干部党员工作要放在党和国家工作的大局中来统筹思考，要置于我国社会老龄化进程日益加快的大背景下进行全局谋划，要作为党的组织工作、干部工作的重要任务来推进。

2009年9月，习近平总书记在全国先进离退休干部党支部和离退休干部先进个人表彰大会上，高度评价广大老同志历史上做出的贡献，他

---

① 《在党的群众路线教育实践活动总结大会上的讲话》，新华网，2014年10月8日。

强调"在缔造新中国、捍卫新中国的艰苦斗争中,在建设新中国、发展新中国的伟大征程上,广大老同志建立了不可磨灭的历史功劳,发挥了中坚和骨干作用,不愧是人民共和国的奠基者、社会主义事业的建设者、改革开放和社会主义现代化建设的开拓者。要认真学习和大力弘扬广大老同志的光荣传统和崇高精神,结合新的实际不断发扬光大、一代一代地传下去"。① 因此,他继而指出:"没有广大老同志的长期奋斗,就没有今天党和人民事业蓬勃发展的大好局面。"② 2014年11月,总书记在全国离退休干部先进集体和先进个人表彰大会上发表重要讲话,强调:"老干部工作是非常重要的工作,在我们党工作中具有特殊重要的地位。"③ "各级党委和政府要从传承党的优良作风、弘扬中华民族传统美德的高度,认真做好新形势下老干部工作,把党中央关于老干部工作的各项方针政策一项一项落到实处。"④ 上述讲话都充分表明党中央对老同志作用发挥的肯定,激励离退休干部为党和人民事业增添正能量,是党中央对老同志的殷切期望。

实践表明,广大老同志在离开工作岗位以后,仍然发挥无私奉献精神,运用自己的经验、智慧继续为党、国家、人民、社会做出新的贡献,在各条战线和各个领域发挥着不可替代的作用。尽管离开工作岗位,广大离退休干部党员依然是党密切联系群众的重要力量,依然是助力新发展理念落实、推进改革发展的重要力量,因此,需要把老干部所能所愿与党和国家事业所需结合起来,最大限度激发这部分群体为党和人民事业持续做出更大贡献的潜能,发挥其不可替代的政治、智慧和经验优势,为党和人民事业增添正能量。

---

① 《弘扬光荣传统,开创老干部工作新局面》,新华网,2009年9月11日。
② 《弘扬光荣传统,开创老干部工作新局面》,新华网,2009年9月11日。
③ 《组织引导老同志为党的事业增添正能量》,载《人民日报》,2014年11月27日,第1版。
④ 《组织引导老同志为党的事业增添正能量》,载《人民日报》,2014年11月27日,第1版。

二、"离退休干部组织管理潍坊模式"总结提炼

潍坊市离退休干部组织管理工作以努力做全国离退休干部工作的"领跑者"为目标，统筹谋划、科学部署，多项工作开创了全省乃至全国离退休干部工作先河，提炼、概括、推广其做法和经验，对于发挥这一模式的辐射效应、助推离退休干部组织工作转型发展、提升离退休干部组织管理质量具有重要现实意义。

1. 潍坊市离退休干部组织管理工作的基本做法

（1）建组织扩覆盖

坚持从巩固党的执政基础和执政地位的高度，切实加强离退休干部党组织建设，自2010年成立全国首家地市级离退休干部党工委以来，按照"一方隶属、多方管理"原则，积极推进离退休干部党组织设置向社区、社团、老年大学以及各类老干部兴趣爱好团体拓展延伸，实现离退休干部党员在哪里，支部就建在哪里，活动就开展到哪里，作用就发挥到哪里。截至2017年，全市共建离退休干部党工委13个，离退休干部党总支78个，党支部1363个。在离退休干部党支部中，依托老干部工作原单位建立的党支部有890个，社区老干部党支部201个，社团老干部党支部150个，老年大学离退休干部党支部201个，形成横到边、纵到底、全覆盖的离退休干部党组织网络。

（2）抓培训促提升

坚持分类别管理、分层次培训，不断加强离退休干部思想政治建设。一是依托市委党校培训基层党支部书记，采取定期集中培训的办法，成效良好。二是依托老年大学、老干部活动中心建立的老干部党校培训学员党员，采取集中授课和班级分散培训两种形式，分层次对班级党支部成员进行党建知识培训，充分激发学校和活动中心党建工作活力。三是依托社区和社团离退休干部党支部培训分散居住的党员，订阅

《老干部之家》、《老年教育》、《潍坊老干部》等报刊，向离退休干部党员赠送学习资料，对年老体弱或行动不便的老干部送学上门，潍城区、临朐县建立开通"老干部之家"微信公众号，引导老干部运用新媒体进行学习，实现学习教育全覆盖。

(3) 搭平台强阵地

积极拓展党建活动阵地，统筹规划、搭建平台、创新实践，切实提高综合服务功能。一是延伸老年大学办学网络。在镇街和社区（村居）建立老年大学分校和教学点，联合高校、社区在中心城区建立4所分校、11个教学点，设立首批3处校外党性教育基地、4处教学实践基地。目前，老年大学招生达到200个班，1.2万人，在校学员学习人次居全省第一，被评为首批"全国老年大学示范校"。二是加强基层党建平台建设。充分发挥各县市区离退休干部党工委和市直部门离退休干部党支部作用，在打造党建平台上形成"一县一品"格局，特别是深入开展"五好"党支部和"五好"党员创评活动，引导离退休干部紧紧围绕加快建设"四个城市"，在文明创建、文艺下乡、科普宣传、心理疏导等活动中发挥优势、献计出力，涌现出一大片先进典型。三是创新离退休干部党建平台。潍城区推行服务管理社区化、学习教育亲情化、文化养老规范化、作用发挥常态化"一领四化"模式，引领工作重心、服务管理、老年教育转型发展；寒亭区在20个老干部社团建立党支部，把老干部聚起来，把制度建起来，让社团活动动起来；临朐县建立"离退休干部e支部"，通过智能手机实现党员的组织活动、党史教育、关系转接、党费缴纳和党员服务。

(4) 深研究探规律

注重加强离退休干部组织工作研究，在不断总结经验、摸索规律中提升离退休干部组织工作科学化水平。在全省率先成立"离退休干部党建研究中心"，从具备党建研究特长和经验的离退休干部中选配研究员，专门从事离退休干部党建研究，同时在12个县市区设立分中心并配齐相关人员,实现离退休干部党建研究专业化。推动研究向老干部社团、老年大学等领域延伸,突出各自工作重点,成立有针对性的研究小组,基本实现离退休干部党建研究系统化。健全完善离退休干部党建研究中心与基层离退休干部党组织的联系沟通机制,形成资源共用、研究共推、成果共享的良好格局,基本实现离退休干部党建研究一体化。

2. 潍坊市离退休干部组织管理工作的基本经验

(1) 领导重视是根本保障

市委、市政府高度重视离退休干部工作,将离退休干部组织管理工作的开展、考核、培训、表彰、经费"五方面"全部纳入全市基层党建工作大局,市委常委会专题听取汇报,市委主要领导明确要求"潍坊的老干部工作要走在前列、起好带头作用",并多次就老干部工作转型发展做出批示,这些都为做好离退休干部组织管理工作提供了有力保障。可见,潍坊市这一工作取得的成绩,与领导重视、组织推动密不可分。

(2) 齐抓共管是关键措施

离退休干部党建工作是一项系统工程,不仅是老干部工作部门的工作,也是其他部门、社会各界共同的责任。在市委领导的重视支持下,潍坊市组织、人社、财政等相关部门齐抓共管,按照"老干部工作无小事,有政策的坚决办、没有规定的设法办"原则,齐心协力办好老干部工作实事。实践证明,只有形成党委政府统一领导、有关部门齐抓共管、社会各方共同参与的良好格局,才能有效解决关系老干部切身利益的问题,不断提升离退休干部管理服务水平。

(3) 用心用情是基本途径

大部分离退休干部都曾担任过一定领导职务,具备较高的文化素养和较强的组织领导能力。因此,在服务离退休干部过程中,必须做到用心用情、积极稳妥、抓细抓实,因对象施教施责,既要让他们认识到工作有退休、党员没有退休,在党一天就要自觉服从党的领导、接受党组织管理,又要着重关心爱护、细致周到搞好服务,尤其是要注重挖掘和用好离退休干部人才资源宝库,充分激活、凝聚和释放他们的正能量,积极组织引导他们继续为党和人民的事业发光发热、再立新功。

(4) 开拓创新是核心动力

不断发展变化的新形势给离退休干部党建工作提出了许多新课题,面对新形势新情况新问题,只有不断创新实践,才能激发动力、取得突破。必须立足于离退休干部的服务需求,适应做好离退休干部工作新的任务要求,不断创新实践离退休干部组织管理的思路举措,既要根据离退休干部生活、爱好、活动等方面的规律特点,积极创新这一工作的新模式新机制,又要注重结合离退休干部的身体状况等实际问题,运用信息化手段,依托新媒体拓展组织管理载体和平台,还要注重搞好"一对一"的个性化服务,使党建工作覆盖每一个离退休干部。

三、强化离退休干部组织管理需要着重把握的几个问题

1. 注重政治性,凸显党组织的政治功能

党的十九大明确新时代全面从严治党要以政治建设为统领,将政治建设摆在党建全局的首位。政党不同于经济组织、社会组织等一般性组织,政党是政治组织,因此,政治属性是政党的根本属性,政治功能则是政党的基本功能。党的十九大强调要突出党组织的政治功能,并不仅仅强调党组织的政治属性,而是要求以完成党组织的政治使命为出发点,从政治站位上来思考问题、推动工作。

要避免离退休干部组织管理工作庸俗化,不能"为活动而活动",要切实把维护党中央集中统一领导作为根本政治原则,把维护核心作为最重要的政治责任,从而把离退休干部党组织建设成为宣传党的主张、

贯彻党的决定、领导基层治理、团结党员群众、推动改革发展的坚强战斗堡垒。努力将对习近平新时代中国特色社会主义思想的学习教育引向基层,用习近平新时代中国特色社会主义思想武装头脑;要站稳政治立场,涵养良好政治生态,在思想上政治上行动上与以习近平同志为核心的党中央保持高度一致;要强化政治领导,提高政治能力,教育引导党员干部严守政治纪律、政治规矩;引导老干部坚定"四个自信"、树立"四个意识",关心支持并自觉践行党内政治生活,共同培育和涵养风清气正的政治生态。

2. 注重实效性,追求工作做实做细

规划出台后,执行落实决定一切。所谓"落实",就是把抽象的东西具象化,把原则的东西具体化。要抓好落实,就要坚持一切从实际出发,细化指示精神,在做好"规定动作"的同时,努力做好"自选动作"。离退休老干部工作,实际存在被动执行、虚假执行、机械执行、选择执行、消极执行等问题,问题出现的原因有很多,既有党性修养问题,也有工作能力、工作态度的问题,也有对新问题新办法不能适应的问题,关键在于不回避、不掩盖问题,找准问题,对症下药,有什么问题就解决什么问题,什么问题突出就重点解决什么问题。

比如说,网上组织平台建设方面,成绩的背后深层也能挖掘出一些薄弱环节。如老干部年龄偏大,接受新鲜事物的速度较慢,在使用新兴网络技术及智能手机等方面存在一定困难,这就导致部分离退休干部党支部内参与网上组织平台建设的党员较少,微信、网上论坛、客户端(APP)等使用率低。再如网上组织平台作为思想政治建设的新途径,在内容上更多地是发布活动动态、时政新闻等,在形式上以发布和推送为主,老干部参与度较低,网上组织平台思想政治教育新载体作用发挥不够充分。

"互联网+党建"是"互联网+"在党建领域运用的新课题,是把握信息网络时代发展脉搏,谋划和推进信息化条件下党建发展的战略举措。推进"互联网+党建""智慧党建",就是落实全面从严治党要求,加强党的领导,强化党组织主体责任,创新党的工作方法,拓展党的工作领域的战略选择。习近平总书记强调,要将信息技术应用到党建工作中,过不了互联网这一关,就过不了长期执政这一关。若将总书记的指示精神放在离退休老干部组织管理工作上来谈,就是若过不了互联网这一关,也就不可能做好老干部组织管理工作。离退休老干部有其年龄、健康、认知能力、接受新鲜事物能力等特殊性,因此,工作若一概而论,只可能流于形式或形同虚设。应把准这一群体工作的特殊性,促成其提质增量。

3. 注重前瞻性,提升党建科学化水平

潍坊市离退休干部组织管理工作已经走在了全省、全国前列,要想继续走在前列,起好带头作用,必须站在政治高度、战略高度和时代高度,登高望远,明确方向。要想提升前瞻性,就要增强预见性,提高洞察力。前瞻性、预见性、洞察力如何练就?品质的提升根本在于不将党建仅仅作为一项工作来抓,而是要将党建作为一门科学来研究,不断提升党建的科学化水平。

上级要求什么我们做什么,显然只是"工作思维","党建科学化"不应仅仅是一种口号或"工作要求",更重要的是一种理念,是党建的基本要求。科学是反映自然、社会和思维规律的知识体系,规律是事物之间客观存在的必然联系,决定着事物发展的趋势和方向。党建科学化的本质就是要将党的建设提升到规律的高度来研究和把握,要按照规律推进党的建设,更加自觉地掌握和运用马克思主义政党建设规律,研究新情况、解决新问题、创造新经验。

离退休干部组织管理是党建工作的重要部分。在把握规律方面,既要把握住政党建设的一般规律,即任何社会性质下的政党都必须遵循的普遍规律;还要把握住我党建设的普遍规律,即在系统学习党史、党建、党规、党纪的基础上,总结出规律性的东西,用以指导工作;还要把握住离退休老干部工作自身的特点和规律。可见，推进老干部组织管理工作是普遍性与特殊性的结合，需要在把握运用党建工作一般规律、坚持相关制度的同时，积极探索特殊性，在解决具体问题中实现创新转型。

（作者简介：高海杰，女，潍坊学院马克思主义学院讲师）

第四篇
马克思主义指导下的生态环境建设经验

马克思主义生态观视域下的低碳经济发展路径研究

马克思主义生态观主要是马克思主义奠基人的生态观。虽然马克思没有直接对生态问题进行阐述，但在马克思和恩格斯的许多著作中，如《1844年经济学哲学手稿》《关于费尔巴哈的提纲》《共产党宣言》《德意志意识形态》《人类学笔记》《资本论》《劳动在从猿到人的转变中的作用》等，都有关于生态方面的许多论述。随着我国经济社会发展进入新常态，在马克思主义生态观视域下研究我国低碳经济发展新路径极具现实意义。

一、马克思主义生态观的视域

马克思主义生态观，主要是指马克思和恩格斯的自然观、实践观和历史观中所包含的人与自然、人与社会之间和谐统一的思想。

（一）马克思主义生态观的出发点：人与自然的异化和对资本主义生产方式的批判

1. 人与自然的异化

马克思认为，人与自然界是有机统一的，"人直接地是自然存在物"，自然界先于人类而存在。这种统一表现在：人是自然界发展到一定阶段的产物,人是自然界的一部分,人必须依赖自然界而生存发展。"人靠自然界生活。这就是说,自然界是人为了不致死亡而必须与之处于持续不断地交互作用过程的、人的身体。所谓人的肉体生活和精神生活同自然界相联系,不外是说自然界同自身相联系,因为人是自然界的一部分。"① 马克思还认为自然是人化了的自然,人类的生产生活活动无时无刻不在影响着自然界。自从人类诞生以来,自然界就由纯粹的自然转化为深深打上人类烙印的人化自然。马克思在批判旧唯物主义历史观中提到:"他没有看到,他周围的感性世界决不是某种开天辟地以来就已存在的、始终如一的东西,而是工业和社会状况的产物,是历史的产物,是世世代代活动的结果。"② 人类与人化自然相互作用,双向互动,人化自然是人类活动的前提,没有自然界,人类的创造活动就失去根基;同时,人化自然又是人类活动的结果,人类与人化自然处于一种共生状态。

马克思在剖析人化自然的过程中,还指出人与自然会逐渐出现的异化现象。他在《1844年经济学哲学手稿》中提出了"异化劳动"这一概念,并进行了系统阐述。马克思认为劳动者与自己的劳动产品、与自己的劳动活动、与自己的类本质、与其他劳动者之间的异化,最终会导致人与自然的异化。马克思指出:在资本主义社会,"光、空气等等,甚至动物的最简单的爱清洁习性,都不再成为人的需要了。肮脏,人的这种腐化堕落,文明的阴沟,成了工人的生活要素。完全违背自然的荒芜,日益腐败的自然界,成了他的生活要素"③,正是异化劳动直接导致了人与自然的异化。

2. 资本主义私有制是人与自然异化的根源

马克思认为,正是异化劳动导致了人与自然的异化,而资本主义私

---

① 《1844年经济学哲学手稿》,北京:人民出版社2000年版,第56页。
② 《马克思恩格斯选集》第1卷,北京:人民出版社1972年版,第48—49页。
③ 《1844年经济学哲学手稿》,北京:人民出版社2000年版,第121页。

有制又是异化劳动的根源。马克思认为生产劳动使人类和自然建立了关系，但在这种关系中，随着资本主义对土地的垄断即资本主义私有制的发展，人与人之间、人与自然之间的力量逐渐失衡，人与自然的异化也就逐渐加剧。在资本主义生产方式之下，随着科学技术的发展，人类疯狂地从自然界中获取有用之物，不断征服自然，加速了生态恶化，劳动异化速度加快。特别是工业革命以来，资本主义生产方式的发展不仅用技术手段去向大自然无限索取，还为了节约劳动成本加大了对工人剩余价值的榨取。资本主义生产方式根本不顾及生产相对过剩造成的资源消耗浪费、人类生存环境的恶化，这种人与自然之间物质变换的断裂在资本主义生产方式之下无法解决。因此马克思认为只要资本主义生产方式存在，人与自然异化的矛盾就不可能解决，要解决人与自然的异化，就要消除异化劳动，就要变革资本主义生产方式。

（二）马克思主义生态观的显著特征：实践观

马克思主义奠基人的生态观和生态思维是建立在唯物主义自然观和唯物主义历史观相统一的基础上的，二者统一的基础就是实践。

马克思认为：人与自然应该是相互作用、共同进化的；这种作用、进化的基础就是实践，实践使人与自然界处于一种相互共生的状态。人类依靠自然界生活，是通过人类实践使自在自然不断转化为人化自然，从自然界中获取人类生存发展的必备条件。"在实践上，人的普遍性正是表现为这样的普遍性，它把整个自然界——首先作为人的直接的生活资料，其次作为人的生命活动的对象和工具——变成人的无机的身体。自然界，就它不是人的身体而言，是人的无机的身体。"[①]

马克思从辩证唯物主义自然观出发，通过人类的生产实践理解人与自然的关系以及人和自然的异化，认为只有在生产实践中才能解决人与

[①] 《马克思恩格斯文集》第1卷，北京：人民出版社2000年版，第161页。

自然的异化。随着研究的深入，马克思又从唯物主义历史观的角度，来理解实践在人类社会和自然之间所发挥的纽带作用，理解实践是人类和自然之间进行物质变换的媒介，只有在人类历史中、在实践中，才能找到解决人与自然异化的方案。马克思认为人和自然的统一、自然和历史的统一都是在人类的生产社会实践中体现出来的，因为"在人类历史中，即在人类社会的形成过程中生成的自然界是人的现实的自然界"①。

马克思认为在实践活动中同时发生着人与自然、人和人的关系，这两种关系互相作用。人和自然之间的关系是通过人与人之间结成的社会关系组织起来并通过一定的物质性生产劳动而展开的复杂历史关系，因此人与自然异化的解决不仅放在生产实践中同时更应该放在人与人关系异化的社会实践中才能解决。要想解决人与自然的异化，就必须解决人与人社会关系中不合理的社会制度等问题。

（三）马克思主义生态观的关键点：科学技术

马克思主义奠基人关于科学技术与生态关系问题的论述是散见于其不同历史时期的著作中的。随着近代资本主义工业革命的快速发展，大量的环境污染和生态危机也随之而来，马克思恩格斯认为产生这种现象的原因是科学技术在资本主义生产条件下被人们误用——人们只关注科学技术带来的生产力快速发展和财富的急剧积累，而忽视了科学技术对环境发展和资源利用的不可持续性。

马克思指出，科学技术的充分利用，可以使废物实现再利用，生态环境得到改善。"机器的改良，使那些在原有形式上本来不能利用的物质，获得一种在新的生产中可以利用的形式；科学的进步，特别是化学的进步，发现了那些物质的有用性质。"② 这种通过生产技术改进生产工艺促进资源的再利用，也即我们现在所说的循环经济。马克思认为生产

---

① 《1844 年经济学哲学手稿》，北京：人民出版社 2000 年版，第 89 页。
② 《马克思恩格斯全集》第 25 卷，北京：人民出版社 1974 年版，第 117 页。

排泄物是造成环境污染的一个很重要的原因,要保持生态良好,就要减少生产排泄物,减少生产排泄物的手段之一就是通过技术工艺使废物再利用。"化学工业提供了废物利用的最显著的例子。它不仅发现新的方法来利用本工业的废料,而且还利用其他工业的各种各样的废料,例如,把以前几乎毫无用处的煤焦油,变为苯胺染料、茜红染料(茜素),近来甚至把它变成药品。"①

(四)马克思主义生态观的终极目标:人与自然的统一和人类自身解放

马克思主义奠基人认为解决生态问题的终极目标是实现人类与自然、人类自身的和解。马克思指出:"共产主义是私有财产即人的自我异化的积极的扬弃,因而是通过人并为了人而对人的本质的真正占有;因此,它是人向自身、向社会的(即人的)人的复归,这种复归是完全的、自觉的,而且保存了以往发展的全部财富的。这种共产主义,作为完成了的自然主义,等于人道主义;而作为完成了的人道主义,等于自然主义,它是人和自然界之间、人和人之间矛盾的真正解决,是存在和本质、对象化和自我确证、自由和必然、个体和类之间的斗争的真正解决。它是历史之谜的解答。"② 马克思的这一论述非常明确地说明了人类解决环境问题,实现生态发展的目标。

马克思认为:自然界、人类和社会三者是辩证统一的;人类解放、自然解放和社会解放统一起来,就可以解决由于资本主义私有制发展而带来的人与自然的异化问题。马克思还认为,在未来的共产主义社会,"社会化的人,联合起来的生产者,将合理地调节他们和自然之间的物质变换,把它置于他们的共同控制之下,而不让它作为盲目的力量来统治自己;靠消耗最小的力量,在最无愧于和最适合于他们的人类本性的

---

① 《马克思恩格斯全集》第25卷,北京:人民出版社1974年版,第118页。
② 《1844年经济学哲学手稿》,北京:人民出版社2000年版,第81页。

条件下来进行这种物质变换。但是不管怎样,这个领域始终是一个必然王国。在这个必然王国的彼岸,作为目的本身的人类能力的发展,真正的自由王国,就开始了"①。虽然马克思主义奠基人认为在共产主义社会,人和自然之间的物质变换关系依然存在,人类仍然不能离开自然界,仍然需要通过劳动从自然界获取人类生存所必需的物质条件。但共产主义社会的新型社会制度、新型人际关系,会为人与自然的关系由必然王国走向自由王国提供保障,对自然资源的利用和生态环境的保护就会进入一个理性状态,人与自然就会和谐统一,人类得到自由解放。

二、马克思主义生态观视域下低碳经济发展路径的多维审视

我国经济社会发展进入新常态以来,拓展低碳经济的发展路径,是使我国经济社会实现成功转型的关键因素之一。

深刻而系统的马克思主义生态观要求人类在发展过程中,正确处理人与自然、人与社会的关系,降低资源消耗,减少资源浪费,保护人类赖以生存的环境,实现可持续发展。这一前瞻性理念正是今天我们所倡导的低碳经济发展的理论依据。

(一) 低碳经济是马克思主义生态观的当代实践

马克思和恩格斯在其一系列著作中所阐述的关于生态的思想,特别是关于节约资源、减少浪费、人与自然和谐相处等的思想,是在资本主义工业化过程中提出的,虽然是鉴于当时的资本主义大工业化发展的现实而提出的,但在追逐剩余价值的私有制条件下却是很难系统地付诸实践的。当人类社会发展到21世纪,随着社会财富的迅速增长,人类物

---

① 《资本论》第3卷,北京:人民出版社1975年版,第926页。

质生活水平不断提高,严重的环境生态问题也日益突出,甚至威胁到人类生存之时,低碳经济应运而生。

低碳经济是一种全新的经济发展模式,促使这种发展模式产生的直接原因就是随着世界各国工业化的快速发展,环境问题、资源问题、粮食安全问题、水安全问题等日益严峻,直接威胁到人类的生存,人们因之而寻找更有利于子孙后代可持续发展的对策。

马克思主义生态观适应了当代的现实需要。低碳经济发展模式以低能耗、低排放、低污染和高效能、高效率、高效益为基本特征,这也正是马克思主义生态观关于废物再利用的观点。马克思在《资本论》中提出"生产排泄物,即所谓的生产废料再转化为同一个产业部门或另一个产业部门的新的生产要素;这是这样一个过程,通过这个过程,这种所谓的排泄物就再回到生产从而消费"。[①] 在马克思看来,通过这样一种再利用,可以达到节约资源,提高资源利用效率的目的。低碳经济的核心是能源技术和减排技术的创新,这和马克思主义生态观中关于通过技术提高生产工艺从而达到提高资源效益和再利用是一致的。马克思认为废弃物的利用需要具备三个条件:庞大的规模、机器的改良、科学技术的进步。三者中,科学技术是关键。马克思认为,生产废物只是放错了地方的资源,完全可以通过技术手段变废为宝,不仅可以提高资源的利用率,还可以减少对环境的污染。

(二) 我国低碳经济发展路径的多维审视

1. 低碳发展理念的创新

马克思主义创始人早就深刻认识到人与自然、人与人之间应该和谐相处,否则人类将会受到自然界的惩罚。例如,恩格斯在《劳动在从猿到人转变过程中的作用》中指出,我们不要过分陶醉于我们对自然界的

---

① 《资本论》第3卷,北京:人民出版社1975年版,第94页。

胜利。对于每一次这样的胜利，自然界都报复了我们。恩格斯还用美索不达米亚、希腊、小亚细亚以及其他各地居民的耕地、森林成为荒地来加以说明，人类是属于自然界，存在于自然界的，人类能够认识和正确运用自然规律。这种理念在当时是极具前瞻性的，如果人类早遵循马克思主义生态观的观点，那人与自然的关系可能会更融洽一些。

在我国经济社会发展进入新常态时期，我们要借鉴马克思主义生态观认识理念的创新性，在低碳经济的发展理念上实现创新。这就要求我们做到：

首先，要有危机意识。在改革开放40年来的经济社会发展过程中，随着经济的快速增长，我们赖以生存的生态环境、资源等也遭到了极大破坏，严重影响到了未来的可持续发展，因此必须大力发展低碳经济。

其次，要有凝聚共识。要大力宣传低碳经济发展理念，使之深入人心。通过电视、网络、报纸、自媒体等多种宣传途径，通过"世界环境日"、"世界地球日"、"地球一小时熄灯日"、全国低碳日等节日活动，加大宣传力度，让国民深刻认识到我们目前所面临的发展阶段和发展状况，使"低碳生活"、"低碳社区"、"低碳办公"、"低碳出行"、"低碳消费"、"低碳网络"等理念人人皆知，使人们认识到"两个一百年"奋斗目标的实现需要低碳经济的支撑，争取人人参与到低碳经济发展的过程中。只有在低碳经济这一轮经济浪潮中奋力搏击，才能赢得未来的生存、生活、工作空间。

2. 低碳发展技术的创新

低碳经济的核心是科学技术的创新。马克思主义生态观解决人与自然矛盾的关键也是科学技术。无论是从现实需要出发，还是从符合马克思主义生态观的要求出发。低碳经济最重要的发展路径是科学技术的创新。

目前，对低碳经济技术还没有一个非常权威统一的定义。从不同的角度可以有不同的界定。例如，从与碳有关的角度而言，可以有低碳技术、零碳技术、减碳技术、负碳技术、碳捕获与封存技术等。从与经济联系比较紧密的角度而言，可以有替代技术、减量化技术、再利用技术、资源化技术、系统化技术、能源利用技术、绿色再制造技术、新材料技术、生态恢复技术、绿色消费技术等。

经济技术是产业发展的重要支柱，也是决定我国顺利实现"两个一百年"奋斗目标的重要技术支撑。我国应加快研发低碳经济技术，抢占低碳经济制高点。马克思著名的"科学技术是生产力"的论断在当今时代更具有现实性。科学技术是决定低碳经济发展程度的关键因素。发达国家一直在加大研发力度和投资力度，在减碳技术、无碳技术、二氧化碳捕获与封存领域已走在世界前列。

我国在低碳经济发展方面其实已经有了很好的开端和基础，如2015年2月福建爱得瓦照明电气有限公司建成并投产的世界上第一条超量子LED灯泡高速自动生产线，就是我国在低碳核心技术领域的一大成就。

但就我国低碳经济技术的整体发展看，形势并不乐观。联合国开发计划署在《2010年中国人类发展报告——迈向低碳经济和社会的可持续未来》的报告中指出：中国实现未来低碳产业的目标，至少需要60多种骨干技术的支持；但其中的42种核心技术是缺乏的。目前我国低碳经济技术水平参差不齐，因此在未来低碳经济发展过程中，必须重视低碳技术的投入和研发，特别是加快研发应用技术先进、经济可行的实用技术，并使其转化为生产力。国家发改委发布的《国家重点推广的低碳技术目录》中就涉及了未来我国重点推广的33项低碳技术，这些低碳技术分布在煤炭、电力、钢铁、有色、石油石化、化工、建筑、轻工、纺织、机械、农业、林业等12个行业，是我国当前减少温室气体排放潜力较大、先进适用的低碳技术。

3. 低碳产业发展模式的创新

2008年世界经济危机后，传统产业发展模式遇到严峻挑战，一些新的低碳产业模式渐渐成为世界经济新的增长点。虽然过去的一段时间，我国很多企业也在转变产业发展模式，但以追求经济效益最大化为目标的企业，在短时期内实现从高碳模式向低碳模式的转变，毕竟面临着很多困难，低碳经济也一直无法得到大面积的推广。因此应利用成熟的低碳环保技术进行产业结构优化升级，使之呈现规模效应，由低碳经济带动我国产业转型。

产业转型升级模式引导机制的创新。传统产业的转型升级首先要求企业自身有低碳发展的愿望。而目前很多企业呈现出低碳发展意愿不足的现状，究其原因大致可归为：企业的改造成本过大，且周期较长，短时间内很难取得明显的经济效益，企业面临无法继续生存的现象。

针对企业出现低碳经济发展意愿不足的现状，政府可以通过宏观协调，引进第三方合作洽谈机制，再通过合适的技术引进，为企业转型升级提供一定的环境和技术保障，从而促进企业低碳经济发展出现规模效应。

打造全新绿色产业发展。绿色产业的发展既包括对传统产业的绿色改造，也包括在新兴领域重点推进全绿色产业链，还包括对现有低碳产业转型升级。目前我国产业结构整体上还是以消耗能源与资源为主体的传统制造业。因此，首先，要对这些传统制造业进行绿色改造，以扭转粗放型的经济发展模式。其次，在一些新能源、新材料的新兴产业领域，从产业链的开端到末端要实施全程绿色生产和消费。最后，在某些低碳产业还要进行产业再升级，如在已经形成产业链和产业集群的太阳能光伏、风机制造等领域，应实现原有产业与新兴农业、旅游业等的衔接，以发挥低碳产业和传统产业的双重优势。

（作者简介：楚爱丽，女，潍坊学院副教授）

"美丽中国"的多重涵义解读

党的十八大报告中首次提出"美丽中国"新概念，引起了社会各界的强烈关注，后被纳入"十三五"规划，成为中国特色社会主义现代化建设的重要目标。"美丽中国"执政理念不仅突出了生态文明建设在"五位一体"总体布局中的重要地位，更是强调了生态文明建设与经济建设、政治建设、文化建设、社会建设之间相融相生、相辅相成的关系。习近平总书记把人民对美好生活的向往作为我们的奋斗目标。人民所向往的美好生活包括更好的教育、更稳定的工作、更满意的收入、更可靠的社会保障、更高水平的医疗卫生服务、更舒适的居住条件、更优美的环境，这就要求我们创造更多的物质财富，更好的精神财富，更美的生态环境。这才是我们要建设的、真正的美丽中国。由此，"美丽中国"的内涵既是指天美、地美、水美等自然环境的美丽，也包括体制机制改革创新形成的制度美以及人的文化修养、道德素质等方面的精神美。

一、"美丽中国"之生态美

生态美是"美丽中国"的首要涵义。它是指人们在生产和消费过程中形成的人与自然之间平衡协调、和谐相处、互利共赢的健康发展状态。一方面，以科学发展为主题，转变经济发展方式，实现经济稳定健康发展，让人民群众享有丰富的物质生活。另一方面，推进绿色发展、循环发展和低碳发展，控制能源消耗总量，减少污染物排放，让人民群众享有美好的自然环境。若只追求山清水秀，却过着贫穷落后的日子，自然不是"美丽中国"。反之，若只追求经济富裕，却生活在秃山臭水之中，自然也不是"美丽中国"。"美丽中国"必须是生活富裕、生产高效、山清水秀的完美呈现。

对生态美的追求，体现了人民群众的需求正逐渐从求温饱、谋生存的阶段向要生态、重品质的方向转变，这是我国经济社会快速发展的必然结果，也是基于我国经济社会发展现状和资源环境特点做出的理性选择。40年来，改革开放促进了我国经济社会的持续快速增长，使广大人民稳步迈上了全面小康的道路。但与高效率的经济增长相伴随的，是长期以来我们对资源环境的低效利用。从中科院可持续发展战略研究组发布报告来看，在资源消耗强度方面，中国单位GDP的能源消耗量、耗水量、钢材消费量等都远远高于世界平均水平。工业废水、废气、废物排放以及农药化肥导致的河流污染、空气污染、土壤污染触目惊心。这种以牺牲环境换取经济增长的粗放型经济发展模式，造成了我们生存环境和生活环境的恶化。这样的发展是不可能长久的，是不可持续的。资源环境问题愈来愈成为我国经济可持续发展的重大阻碍。面对这种危险的困境，保护环境，优化经济增长，就成为促进我国经济进一步发展的必然选择。党中央从基本国情出发，相继提出科学发展观、新型工业化道路、创新型国家、生态文明建设等执政理念和战略举措。新时代，以习近平总书记为核心的党中央又提出了五大发展理念、供给侧结构性改革、调结构转方式、建设现代化经济体系、绿水青山就是金山银山、像保护眼睛一样保护环境、像对待生命一样对待生态环境等新理念和新举措。这些创新理念和措施充分体现了我们党以人为本的科学执政理念，顺应了人民群众追求美好生活的新期待。

要实现生态文明，根本途径在于科学发展。针对粗放式经济发展方式带来的环境资源危机,政府在不同阶段采取了提高经济效益、优化经济结构、推进经济发展方式转变等一系列措施。这些措施在一定程度上缓解了经济快速发展对资源环境的破坏。但我国目前在改善人与自然关系方面取得的成效依然有限。要真正实现科学发展,除了继续转变经济发展方式外,关键要解决以下问题。一是在思想上真正树立保护自然、顺应自然的生态理念。我们在观念上还没有完全摒弃那种凌驾于自然之上的思维观念,在一定程度上还把财富多少作为评判成功与否的主要标志。要实现人与自然的和谐发展,就要承认自然的价值,真正从内心深处树立尊重自然、顺应自然、保护自然的生态文明理念。二是完善科学发展的制度环境。从目前看,尽管我国成立了资源环境管理部门,相继出台了各项资源环境保护法律,但科学发展的制度环境并不完善。我们必须依据十八大精神,把与建设美丽中国相关的要求变成法律制度安排,对环境与发展关系进行整体性制度规划,建立有效约束政府的监督监察制度,构建科学发展评价体系和干部政绩全面考核体系,减少各级政府和官员为追求经济增长而僭越法律界限的可能性。

二、"美丽中国"之制度美

制度美是"美丽中国"的重要内容。如果说生态美是人与自然之间的和谐发展状态,那么制度美则是人与社会之间的和谐发展状态。制度是否美,是以制度的文明程度为主要标志的。它反映了人的行为、社会关系和行为规范的成熟度,也就是社会各方面、各层次制度的不断合理化趋向。依据制度的类别不同,制度文明至少包括经济制度、政治制度、文化制度和法律制度等文明形态。在多种多样的制度形态中,各种文明形态内涵不同,作用也不同。经济制度文明起基础作用,政治制度文明则是主导和关键,文化制度文明是其中不可缺少的重要组成部分,而法律制度文明则是制度文明中的最高表现形态。所有的经济、政治、文化等诸种制度文明最终都要通过法律制度建设得以实现。因此,"美丽中国"之制度美就表现为一个社会的经济制度、政治制度、文化制度和法律制度经过实践检验后,又经过不断修正、调整与完善之后,最终形成为优异的制度文明成果。

制度文明是联结物质文明和精神文明的独立文明形态。人们在交往中结成的社会关系是否合理有序就表现为反映这些社会关系的制度框架是否科学合理。制度的合理与否必定会对人们积极性和创造性的发挥形成积极或消极的影响,从而对人类物质文明和精神文明的发展起到促进作用或阻碍作用。对此,新制度主义代表道格拉斯·C. 诺思认为,是制度而不是技术决定着一个国家和地区经济发展的快慢和好坏。同样,国家是兴亡还是衰败,也可以通过制度的优劣判断出来。他举了罗马帝国的例子,认为"当罗马帝国的军事优势消失,而且大型国家不再提供产权保护和执行产权时,罗马帝国生存的理由也就完全消失了"。[①] 可见,制度有没有、优不优,直接影响着国家的发展和社会文明的程度。制度文明日益成为评定经济社会发展程度的重要标尺。若缺少制度规范,一个国家的物质文明和精神文明绝不会长久繁荣昌盛。这样的社会也不是"美丽中国"目标所应呈现的成熟、理想状态。

制度建设是实现"美丽中国"目标的关键。经济、政治、文化、社会、生态等各领域建设都离不开制度规范。社会主义市场经济体制完善了,才能创造更多更优的物质财富,才能使人民群众的生活水平更上一层楼,才能更加满足越来越高的物质需求;社会主义政治体制更加科学民主,人民权益才能得以充分保障,人民群众才能享有真正的民主生活;只有建立适应社会主义先进文化要求的文化体制,才能为人民群众创造出更好更多的精神食粮;只有建立社会主义生态文明体制,才能推进人与自然的和谐发展,为人民创造良好的生产生活环境。当代中国正处于转型时期,制度文明建设尤为关键。要深化制度文明建设,必须注

---

① 道格拉斯·C. 诺思:《经济史中的结构与变迁》,上海:三联书店1994年版。

意以下问题：一要根据中国实际进行制度创新。我们既要发掘本国内在制度资源，也要借鉴外来制度资源，构建适合本国国情、突显本国特色的制度文明。二要完善制度程序。要规范制度执行的环节和步骤，确保程序的目标明确、内容具体、逻辑严密、切实可行，减少程序漏洞并使程序富有操作性。三要培养适宜的制度环境。我们必须提高全社会的整体制度意识，形成尊重制度的良好行为习惯和社会风气，为制度生存和发展创造优质土壤和条件。

三、"美丽中国"之精神美

精神美是"美丽中国"的又一重要内容。它是指人们在生产生活中改造主观世界形成的精神文明成果，是人类精神生产的积极因素和发展水平的体现，反映了人类智慧和道德的进步状态。具体内容包括两个方面：一是科学文化方面，即社会的教育、知识、艺术、智慧等方面的发展和进步；二是思想道德方面，包括社会的政治思想、道德风貌和社会风尚等方面的良好状态以及人们在政治理想、社会道德观、科学观、价值观、人生观、审美观等方面表现出的积极面貌。

社会主义精神文明的提高和进步在很大程度上要依赖于先进文化的大力发展。什么样的文化是先进文化呢？通俗地说，所谓先进文化，就是顺应当前的时代潮流、代表广大人民群众的根本利益、符合普通民众的心理预期、体现社会发展正能量的文化。先进文化对于社会发展有着强大的引领作用。它一旦形成、成熟，就会成为一种不可阻挡的潜移默化的强大力量，内化于人们的日常生活，融入知识体系，影响价值观念，筑牢思想信仰，强化行为规范，通过社会成员之间的日常沟通、交往、语言，相互传播影响，从而增强社会认同感，形成社会共同的意识形态，成为规范社会行为、促进社会发展、引领社会进步的重要精神力量。总之，先进文化存在于社会生活的方方面面，渗透于经济社会发展的各个领域，是社会发展不可或缺的主导因素。因此，要满足人民群众日益增长的精神需求，只有顺应浩浩荡荡的时代潮流，努力构建体现社会发展方向的先进文化体系，才能与时俱进，形成与现实社会相适应的新思想、新观念、新道德以及新的思维方式和行为方式，才能于社会发展曲折之时赋予广大民众以坚定的理想信念，支撑国家民族渡过难关，开辟新天地，才能给予精神需求日益强烈的人民群众以丰富的文化大餐，充实人们的精神世界，提高人们的思想境界，增强人们的精神力量，促进人的全面发展，才能建成具有灵魂和生命力的"美丽中国"。

新时代如何发展先进文化呢？首当其冲的就是要加强社会主义核心价值体系建设。社会主义核心价值体系内涵丰富，构建过程不可能一蹴而就，必须循序渐进，其中的关键是要找准核心，这就是社会主义核心价值观的培育和践行。这是构筑"美丽中国"精神家园的客观要求。培育和践行社会主义核心价值观需要做好以下几件事：一要深化社会主义核心价值观的理论研究。党的十八大报告用十二个词对社会主义核心价值观进行了精要概括，看似简约，实际上包含着丰富内涵和深刻意蕴，需要全面分析和阐释。同时，还要根据认识和实践的深化进一步凝练出更具概括性和准确性的社会主义核心价值观。二要推动社会主义核心价值观实现通俗化、大众化，深入人心。社会主义核心价值观虽然只有简单的几个词，却体现着一个社会全体成员所共同追求的价值目标和理想信念，必然应该成为全体社会成员共同遵守的道德规范和行为标准。要想使这样一种承载厚重的价值规范发挥主导作用，前提是要全体社会成员理解它、接受它。这就必然要求通俗化地解读社会主义核心价值观，使用普通民众所喜闻乐见、善纳好行的言语和方式推进社会主义核心价值观的大众化。这样才能使社会主义价值取向、价值追求、价值尺度和价值原则植根于人们的思想深处，达到认同，形成信仰。三要推动社会主义核心价值观与制度体系相融。我国在基本制度、具体制度的设计中必须要体现社会主义核心价值观的基本要求，使社会主义核心价值观以制度的形式固定下来，坚定人们对社会主义核心价值观的信念和自觉践行的决心。

　　总之,我们要建立的"美丽中国"绝不局限于自然之美,而是生态文明、制度文明、精神文明协调发展的和谐之美,是在经济建设、政治建设、文化建设、社会建设、生态文明建设的综合作用下实现的建设目标,体现了中国共产党执政理念的新发展。

　　(作者简介:赵纪梅,女,潍坊学院马克思主义学院副教授)

农村居民在农村生态文明建设中的作用[*]

农村地区的生态文明建设是实现乡村振兴的关键,也是全面建成小康社会、实现社会主义现代化的题中应有之义。无论是在城市还是农村,生态文明建设都是系统工程,都需要公民的支持和配合。正如习近平同志所强调的,"生态文明建设同每个人息息相关,每个人都应该做践行者、推动者。"① 农村地区的生态文明建设离不开农村居民的积极参与。

本文所探讨的农村居民包括从事农业产业的农民和农村事务的组织者、管理者,如村民委员会成员、村党支部成员等。文中使用的农业概念指广义的农业,包括种植业、野生植物采集、农民家庭兼营的商品性工业、林业、畜牧业和渔业。

一、农村居民在农村生态文明建设中应发挥的作用

由于城市和农村的巨大差异,农村居民和城市居民在生态文明建设

---

* 山东省高等学校人文社科科计划一般项目"以习近平同志为核心的党中央对中国特色社会主义生态文明制度建设的探索研究"(项目编号:J17RA008)的阶段性研究成果。

① 《习近平关于社会主义生态文明建设论述摘编》,北京:中央文献出版社 2017 年版,第 122 页。

中所发挥的作用有所不同。农民的生产、生活对生态环境会产生直接而深远的影响。农村居民是农村生态文明建设的主体力量，在农村地区的生态文明建设中应该发挥主体性作用。

首先，农村居民的生产方式在很大程度上决定了农村的生态环境质量。许多农村居民既是农民，又是产业工人；既是农业产品的生产者，又是工业产品的生产者。

与城市不同，农村既存在农业污染又存在工业污染。一方面，农业生产离不开土地资源和水资源，不管是种植业还是养殖业，都会直接影响土壤、水和空气的质量。农村居民在种植业中使用农药、化肥的习惯，决定了土壤的可持续生产能力和地下水、空气遭受污染的程度。农村居民在养殖业中对药物的依赖程度和处理病死畜禽的方式决定了该行业对农村生态环境的污染程度。另一方面，农村的工业生产对生态环境的污染同样不容忽视。近年来，随着国家对城市污染防治的高度重视，城市重污染企业逐渐转移到农村地区。农村成为工业污染重灾区和癌症高发区。农村居民对工业污染的认知程度决定了他们对待工业污染的态度和方式。

其次，农村居民的生活方式也在相当程度上影响着农村生态环境。

生活方式的概念有广义和狭义两种，本文使用的是狭义的生活方式概念。在狭义上，生活方式包括生活习惯、消费习惯、休闲习惯等。农村居民的生活方式与生态环境的质量息息相关。生活方式涵盖衣食住行等各个方面，对生态环境皆有影响。首先是"食"，农村居民做饭的能源选择对生态环境的影响不容忽视。农村居民一日三餐的能源是选择柴火、煤炭还是天然气、电力？这几种能源对环境的负面影响差异极大。传统的柴火、煤炭不仅会产生空气污染，还影响身体健康。随着生活水平的提高，农村居民逐渐放弃柴火和煤炭，转而选择天然气、煤气和电力。与柴火、煤炭相比，天然气、煤气、电力是较为环保的能源。其次是农村生活垃圾的处理方式对生态环境的影响。随着市场经济的发展，农村居民商品消费的种类与城市家庭越来越接近。农村家庭的日常生活垃圾量也逐年增长。生活垃圾如果处理不当会对生态环境造成严重的污染。如何处理这些垃圾变成了无法回避的问题。

与城市家庭不同,农村家庭不仅是基本的日常生活单位,还是基本的生产单位。农村的生态环境问题在一定程度上是农村居民的日常生活和生产活动直接影响的结果。农村居民是农村生态文明建设中不可忽视的力量。如果说各级政府是农村生态文明建设的领导者的话,农村居民本身应该是农村生态文明的建设者。

二、农村居民在农村生态文明建设中实际发挥的作用

在实践中,农村居民在农村生态文明建设中还没有充分发挥出应有的建设性作用。从主观上看,农村居民已经认识到了环境污染和身体健康的关系。部分人也愿意为保护环境做出努力。但在实际的生产和生活中,农村居民又难以成为农村生态环境的有力保护者。

(一)传统的农业生产方式对生态环境造成了污染

这主要表现为农业生产中,农药、化肥的过量使用和对农用地膜的粗放式管理。当前我国仍处于推进农业现代化的进程中。从耕作方式上看,农村大部分地区尚处在从传统耕作方式到农业机械化的转型过程中。从农业原材料的使用和处理上看,从传统方式到现代化的转型尚处于起始阶段。对农药、化肥的使用与科学化、标准化相距甚远。在农用地膜的处理上,也有待于改进。这种生产方式加剧了农村生态环境的恶化。

种植业的污染主要包括三大类:农药化肥污染、农用薄膜污染、秸秆焚烧污染。

一是农药化肥污染。农村居民在种植业中对化肥、农药的过量使用，使农村的生态环境持续恶化。改革开放以来，农民在种植业中过于依赖农药、化肥，致使农药化肥的使用量逐年增加。粗放型的生产方式使得农药、化肥的利用率非常低。中国工程院院士、北京林业大学教授林伟伦的研究显示："我国粮食产量占世界的16%，化肥用量占31%，每公顷用量是世界平均用量的4倍，过量的化肥很快被水冲到地下，影响土壤的营养平衡。而我国每年180万吨的农药用量，有效利用率不足30%，多种农药造成了土壤污染，甚至使病虫害的免疫能力增强。"① 我国逐渐成为农药化肥使用大国和浪费大国。农药化肥的过度使用，严重污染了土壤、水体、空气和农产品。"中国工程院关于全国土壤环境保护与污染防治战略咨询项目研究报告显示，我国土壤质量在不断下降，我国农业生产中土壤的贡献率大约在50%至60%，比40年前下降10%，比西方国家至少要低10至20个百分点。"② 对农药、化肥的不科学使用，使我国的耕地处于过度使用和地力透支状态。

二是农用薄膜污染。残留的农用薄膜不仅污染土壤，还使土壤次生盐渍化。随着地膜覆盖技术的推广，农用地膜的使用量也连年增长。中国是世界上农用地膜使用量最大的国家。到2016年我国的地膜使用量已占世界地膜使用量的50%以上。"据预测，到2024年，我国地膜覆盖面积将达3.3亿亩，使用量超过200万吨。"③ 据专家研究，"当前我国地膜残留问题突出，根据典型调查，西北黄土旱塬区平均地膜残留7公斤/亩，严重的地方超过15公斤/亩，地膜残留破坏了土壤结构，影响水肥运移、作物出苗和生长发育，降低了农作物产量和农产品品质。"④ 残留在土壤中的农用薄膜逐年累积，对土壤的污染越来越严重。

---

① 杜芳：《拯救过劳的田地》，载《经济日报》，2017年7月18日，第13版。
② 杜芳：《拯救过劳的田地》，载《经济日报》，2017年7月18日，第13版。
③ 李亚新：《莫让地膜变"地魔"》，载《农民日报》，2018年6月29日，第05版。
④ 李亚新：《莫让地膜变"地魔"》，载《农民日报》，2018年6月29日，第05版。

三是秸秆焚烧污染。我国的东北三省、河南、河北、山东、江苏等省仍保留焚烧秸秆的习惯。秸秆焚烧时会产生大量可吸入颗粒物和二氧化硫、二氧化氮。这些物质会对空气造成严重污染，甚至引发雾霾。目前，由于地方政府的严格管控和秸秆综合利用技术的推广，秸秆焚烧污染已得到有效控制。

（二）农村的禽畜养殖业对生态环境造成了一定程度的污染

一方面，农村居民在禽畜养殖业中对相关废弃物的不当处理加重了对环境的污染。目前我国养殖业主要有规模化养殖和农民散户养殖两种形式。无论是散户养殖还是规模化养殖，都会产生污水、粪便以及饲料残渣等废弃物。目前这些废弃物并没有完全得到科学处理。2019年1月，推进畜禽粪资源化系统利用的相关政策已经出台。《中共中央国务院关于坚持农业农村优先发展做好"三农"工作的若干意见》明确指出，要"实现畜牧养殖大县粪污资源化利用整县治理全覆盖"[1]。由于农村居民本身即是这种污染的受害者，无论是养殖户还是普通农民，都有治理养殖业污染的强烈意愿。由国家政策扶持建立符合各地农村实际情况的标准化养殖场，既可以有效解决禽畜养殖业污染问题，又给农村居民提供了发家致富之道，可以兼顾国家利益和农民个人利益。

另一方面，农村居民禽畜养殖业中过度依赖兽药，也对生态环境造成了破坏。由于缺乏专业知识，大部分养殖户只注重疗效，并不清楚过量使用兽药和"人药兽用"对环境的危害。为了提高禽畜的生长速度和卖相，养殖户往往在整个饲养周期中大量添加兽药。养殖业中甚至仍存在"人药兽用"的违法现象。各种药物经过动物和食用者的新陈代谢后，最终会进入到环境中，对水体和土壤造成污染。与兽药不同，人药比兽药在动物体内代谢的时间长，更容易残留，对环境的污染更加严

---

[1] 《中共中央国务院关于坚持农业农村优先发展做好"三农"工作的若干意见》，载《人民日报》，2019年2月20日，第1版。

重。不仅如此,"人药兽用"还会使动物体内的细菌、病毒产生抗药性,催生"超级细菌"。一旦动物的疾病传染到人身上,人药将难以治愈人畜共患疾病。因此,滥用兽药、人药兽用的行为不仅直接危害到食品安全、污染环境,还将危及人类自身。

(三) 生活垃圾污染日益严重

西方消费主义文化的影响已经扩展到了农村。农村居民的消费习惯深受其影响。"大量消费—大量废弃"的生活方式在年轻农村居民中颇为流行。同时,传统的攀比性消费、人情消费文化在农村仍然非常有市场。在消费主义文化和传统消费文化的双重影响下,农村的浪费性消费较为普遍。这不仅造成了资源的浪费,也使生活垃圾的数量剧增。生活垃圾中,化纤塑料等难降解的垃圾、电子垃圾、废旧电池等所占的比重越来越高。对农村居民来说,生活方式发生了巨大改变,传统的处理垃圾的方式却没有根本改变。农村垃圾的处理仍停留在环境卫生的层面上。虽然农村地区的垃圾箱的配置率逐渐提高,但多为普通垃圾箱,分类垃圾箱放置比例非常低。即便配置了分类垃圾箱,农村居民也因缺乏垃圾分类常识而随意丢弃垃圾。

三、推动农村居民参与生态文明建设的路径

与城市居民相比,农村居民受教育程度普遍较低,对农村污染治理重要性的认识不够深刻。这与中央的乡村振兴战略、建设生态宜居村庄对农村居民的要求尚有相当大的差距。需要各级政府采取有效措施,逐步提升农村居民参与生态文明建设的能力,拓宽农村居民参与生态文明建设的渠道。

(一) 加强对农村居民的环境教育

研究表明,受教育程度与社会参与度呈正相关关系。受教育程度低

是这一群体参与生态文明建设的短板。据调查,"农村居民家庭劳动力初中程度比例最高,约 52.44%,比外出农民工低约 10%;高中程度比例为 12.05%,与外出农民工相当;中专程度比例为 2.93%,比外出农民工低 2.87%;大专及以上比例为 2.41%,比外出农民工低 4.59%;小学及以下比例为 30.17%,比外出农民工高 18.5%。"①。农村居民因为缺乏环境保护的知识而不具备有效参与生态文明建设的能力。这是他们难以成为生态宜居乡村的建设者的根本原因。一方面,普通农民对滥用农药、化肥的危害不甚了解。他们既不清楚农药、化肥危害的程度,也不了解相关的安全使用标准。据调查,在农村普遍存在农户尽量少食用作为商品销售的农牧业产品的现象。他们往往会单独生产不用或少用化肥、农药的农产品供自己食用。在他们看来,这样就可以保证食品安全。殊不知"土壤与在其中、其上生活的生物之间存在着一种彼此依赖、互为补益的关系"②。在被污染的土地上生长出来的农产品,无论是否使用农药、化肥,其安全性都是难以保证的。这反映了农村居民对农业污染的一知半解。对于工业污染,他们最初往往不清楚污染的危害程度。只有当环境已经被严重破坏,甚至癌症等疾病的发病率大幅度提高时,他们才会意识到问题的严重性。因为缺乏相关知识,一旦成为环境污染的受害者,农村居民保护自己合法权益的能力也极其有限。但由于深受污染之害,"农民普遍对生态文明建设具有生态自觉。调查发现……农民对十八大以来党和国家制定的生态环境保护政策和提出的绿色发展理念,绝大多数持积极、肯定态度。"③ 因此,尽管能力有限,但农村居民参与生态文明建设的积极性并不低。

---

① 何光全:《现代化视野下的我国农民教育问题》,载《现代远程教育研究》,2018 年第 1 期。
② 蕾切尔·卡逊:《寂静的春天》,吕瑞兰、李长生译,长春:吉林人民出版社 1997 年版,第 67 页。
③ 梁伟军、胡世文:《农民理性视角下的农村生态文明建设研究——基于荆门市 X 镇农民的调查》,载《华中农业大学学报(社会科学版)》,2018 年第 4 期。

从教育的角度看，加强环境教育已是中国特色社会主义生态文明建设的现实需要。这已经成为学界和以习近平同志为核心的党中央的共识。早在2013年，习近平同志在十八届中央政治局第六次集体学习的讲话中就强调，"要加强生态文明宣传教育，增强全民节约意识、环保意识、生态意识，营造爱护生态环境的良好风气。"① 因此，应该重视农民的环境教育问题，加强对农村居民的环境教育，提高他们的环境意识和保护生态环境的能力。

首先，通过公益广告加强对农村居民的环境教育。公益广告具有通俗易懂的特点，容易为农村居民理解和接受。目前，在各种媒体中，专门针对农村环境问题的公益广告较少。相关部门可以专门制作以农村生态环境保护为主题的公益广告。由于农村的情况千差万别，各地应结合实际，因地制宜地制作当地农民能理解的公益广告。

其次，加强对农村中小学生的环境教育。习近平在十八届中央政治局第四十一次集体学习时的讲话中强调，"要加强生态文明宣传教育，把珍惜生态、保护资源、爱护环境等内容纳入国民教育和培训体系。"② 农村中小学的环境教育应该和城市有所不同。教育部门可以编写适合农村中小学生的教材，对农村中小学生有针对性的进行环保教育。中国农村生态文明建设的希望在于农村年轻一代生态观的改变。习近平总书记曾指出，"我们要走绿色发展道路，让资源节约、环境友好成为主流的生产生活方式。"③ 农村中小学生将来既有可能进入城市发展，也有可能扎根农村成为新型职业农民。无论如何发展，他们的生态价值观对我国农业现代化的发展走向影响深远。系统的环境教育会重塑农村中小学生

---

① 《习近平关于社会主义生态文明建设论述摘编》，北京：中央文献出版社2017年版，第116页。

② 《习近平关于社会主义生态文明建设论述摘编》，北京：中央文献出版社2017年版，第122页。

③ 《习近平关于社会主义生态文明建设论述摘编》，北京：中央文献出版社2017年版，第26页。

的环保理念，进而影响其生活方式。生活方式的改变会影响其家人和邻居，从而推动农村地区绿色发展方式和生活方式的形成。

最后，编写适合农村居民阅读的环境保护类科普读物。在正式的出版物中，关于农村环境污染防治的书籍仍然偏少。农村居民中仅有少数人是高中毕业，受过高等教育的更少，大多数人的文化程度都是初中或者小学，甚至有部分老年人还是文盲。对于他们来说，专业性较强的农村环境保护类著作过于晦涩难懂。通俗易懂的科普读物可为农村居民提供内容丰富、切合实际、简单易行的农村环境保护知识。科普类环境保护读物的内容应该与当地农民的生产生活实践紧密结合。各地皆可根据本地农村的生产生活方式编写此类读物。

（二）明确农村基层干部在生态文明建设中应承担的责任

从身份上看，农村居民主要包括两类人：普通农民和农村基层干部。他们的不作为加剧了农村的环境污染。

由于环境意识水平低，部分农村基层干部缺乏识别重污染企业的能力。这使得农村在引进企业时往往把关不严。在城市纷纷加大环境污染的治理力度的情况下，大批重污染企业纷纷到农村寻求生存空间。农村基层干部常常不清楚该企业对环境的污染程度。只有当环境已经被严重污染时，他们才意识到问题的严重性。因此，面对被严重污染的环境，村干部往往追悔莫及但又无可奈何。

农村基层干部在生态文明建设中承担重要责任。村民委员会是我国的基层群众自治组织。村干部掌握村级组织的经济、社会事务的管理权、分配权。村干部有权力决定当地资源的开发和村级环境建设事宜。按照《村民委员会组织法》的规定，村干部有责任教育村民合理开发和利用自然资源、保护和改善生态环境。村民委员会应该按照法律规定承担这一责任。如果发生重大污染事件，应该追究村民委员会的责任。

除了经过选举从本村产生的干部外，农村基层干部中还有一类特殊的人才，即大学生村官。与普通农村干部相比，大学生村官受教育程度较高，掌握较多的环境保护知识。大学生村官是农村生态文明建设的新生力量。大学生村官应该主动向农民传授知识，指导农村居民在生产和生活中注意保护环境。

农村基层党组织在本村生态文明建设中发挥领导作用。村党支部负责在农村贯彻执行党的路线方针政策。生态文明建设是中国特色社会主义建设的重要内容之一。村党支部应该贯彻执行中共中央关于社会主义生态文明建设的方针政策，积极组织和参与本村的生态文明建设。党员干部和普通党员应该在农村生态文明建设中发挥带头模范作用。

总之，农村居民是农村建设、发展的主体。农村居民对农村生态文明建设的知情权、参与权、监督权理应得到尊重。政府应构建农村居民参与生态文明建设的体制机制，鼓励农村居民通过各种形式参与生态文明建设。只有创造条件让农村居民积极参与，从自己身边的小事做起，农村的生态文明建设才能真正取得预期的成效，实现建设美丽中国、美丽乡村的梦想。

（作者简介：张淑珍，女，潍坊学院马克思主义学院讲师）

略论潍坊休闲型城市建设的优势和路径

近现代工业的高速发展极大地影响了人类的生产与生活方式。它一方面增进了人们的闲暇时间,另一方面也使人的发展更趋向于异化。休闲型城市的发展,事实上是对这种异化的一种纠正和补救。

经过改革开放40年的发展,潍坊市多项经济指标走在全省及至全国的前列,为提高市民的幸福感奠定了坚实的物质基础。探求一种更加有效的方式,以不断促进人们幸福感的提高,将具有非常重要的意义。休闲型城市建设就是快速提高人们幸福感的重要手段。

首先,休闲型城市建设能够拉动旅游业、餐饮业、体育产业、娱乐业等多项休闲产业的发展,蕴藏着巨大的市场空间。其次,休闲型城市建设有利于推动本市产业结构的转型升级。休闲产业属于服务业,它不仅能够直接促进第三产业的发展,而且对第一和第二产业的发展产生间接影响,从而促进产业结构的优化升级。最后,十九大报告正确分析了社会主要矛盾的转变。构建休闲型城市,能够有力地促进旅游、文化、娱乐、健身、交通、金融等城市功能的全面发展,为人们生活方式的变化提供重要的物质条件,大大提高人们的生活质量,满足人们美好生活的需要。

一、潍坊休闲型城市建设的独特优势

从休闲型城市的发展规律来看,当人均国内生产总值达到 3000 美元以上时,就会进入休闲产业快速发展的时期。潍坊市的经济社会发展,已经具备了休闲城市建设的条件。

(一)经济发展情况

据潍坊市统计局数据,2009 年开始,潍坊市人均 GDP 就已经达到 3200 美元,2018 年城镇人均可支配收入 39042 元,已经进入休闲消费的高速增长期,为潍坊休闲型城市建设奠定了坚实的经济基础。

(二)区位优势

潍坊市区位优势明显。潍坊地处山东半岛中部,东接青岛、烟台等发达经济体,西接历史名城淄博,北临渤海,南依沂山,与日照、东营等城市毗连,是山东半岛蓝色经济区、胶东半岛高端产业聚集区及黄河三角洲高效生态经济区的重要城市,这一特点将为潍坊市休闲型城市的建设提供良好的经济基础和区域优势。

(三)交通条件

交通条件是休闲型城市建设的重要支柱。潍坊市境内有"三横三纵"六条铁路,特别是胶济铁路横贯潍坊,使潍坊成为山东交通运输的枢纽,动车和高铁开通以后,潍坊到周边重要城市济南、青岛和淄博的时间都大大缩短。公路方面,有青银、青兰、荣潍、荣乌、长深及正在建设的潍日高速贯穿其间,国省道公路通车里程达到近三千公里,交通运输便利。潍坊机场已开通北京、上海、广州等多条航线,具备了休闲型城市发展的必要条件,从这方面看,潍坊交通状况对于休闲型城市的建设是一个突出优势。

(四) 自然条件和人文资源

潍坊市自然资源丰富,比较有特色的有青州的云门山、驼山、仰天山,临朐的石门坊、老龙湾,南部的沂山被称为"小泰山",是我国4A级旅游景点。另外,白浪河湿地公园、北海沙滩、诸城的恐龙化石、昌乐的蓝宝石及临朐的山旺化石都是其他休闲旅游城市所不具备的资源。

潍坊是我国的历史文化名城,人文条件优越。目前潍坊有十笏园等六处国家级文物保护单位,还有省级和市县级重点文物保护单位400余处,人文资源丰富。其中最具特色的是风筝文化,潍坊被称为"风筝都",经过多年的历史演变和横向发展,逐渐形成了独特的风格与艺术特色,随着国际风筝节的连续举办,风筝已成为潍坊人的文化象征,也成为经济发展的重要推动力。风筝博物馆和杨家埠民间艺术大观园,也成为潍坊市休闲旅游的重要目的地。其他有代表性的人文资源如潍坊十笏园,青州泰和山的佛教文化、寒亭杨家埠木版年画、高密"三绝"、潍坊核雕、安丘青云山民俗旅游等都久负盛名。特别是十笏园,素有"鲁东明珠"之称,具有重要的历史文化价值。

(五) 会展资源

会展产业是重要的休闲资源,可以促进经济的快速发展,扩大城市知名度,也是居民休闲的重要形式。潍坊市会展资源十分丰富,如国际风筝会、鲁台经贸会展、寿光菜博会、青州花博会等,极大地促进了潍坊市休闲产业及市民休闲意识的发展。

二、潍坊市休闲型城市建设的路径

(一) 整体规划,科学部署

潍坊市应加强对休闲型城市建设的引导,把休闲型城市建设作为推动潍坊经济社会发展的突出战略。整体规划，科学部署，协调各相关部门，制定优惠政策，从整体角度考虑休闲产业的发展和要素配置，鼓励休闲产业的发展。

（二）注重宣传，加强引导

相比其他较成熟的休闲型城市，潍坊的不足主要体现在休闲服务业的发展理论基础薄弱，群众休闲消费观念不足，对休闲的认识还存在误区。因此，政府应把休闲型城市的建设作为城市发展的先导，加强教育与宣传，注重休闲文化的培育与创新，并普及科学、健康、合理的休闲观。可以委托驻潍高校建立休闲文化教育与培训机构，有条件的学校可以创办相关休闲专业，为休闲文化的发展培养和储备人才。广播、电视及报刊杂志等各种媒体应加强宣传，在全市形成"注重休闲"的舆论氛围，为休闲型城市建设奠定坚实的文化基础。此外，和谐的人际关系，较高的文明素质，是休闲型城市建设的人文基础。推动服务型政府建设，加强和完善基本公共服务体系，不断提升服务能力和服务水平，可以吸引更多的消费者与投资者，为休闲型城市建设增砖添瓦。

应该充分利用国际风筝会、鲁台经贸洽谈会、菜博会、花博会等平台，创新宣传机制，加强与新闻单位合作，精心策划潍坊休闲城市的宣传节目，有计划地邀请国内外旅游休闲组织、专家及新闻记者来潍坊观光考察、讲学参观、采访报道，加大宣传的力度，提升宣传档次，塑造潍坊形象，打造潍坊休闲型城市的名片。

（三）完善基础设施建设

经过近几年的建设与发展，潍坊现代化"宜居城市"建设已初现端倪。在此基础上，潍坊市政府应设立专项配套资金，提升城市功能品质。继续提高城市绿化水平和绿地覆盖率，加强大气污染、水体污染、固体废弃物污染的综合治理，"推进以植绿、治水为重点的生态建设，进一步彰显潍坊'绿染四季、花满全城、水润潍州'的城市风貌。"休闲型城市对于自然生态环境要求极为严格，城市建设与维护应该按照环境友好型社会的要求，促进人与自然和谐发展，建设"宜居潍坊"。

便利的道路交通设施是潍坊的突出优势，应继续保持和进一步改善。城市图形标识系统应与国家接轨，道路指示标牌及商店设施均配备中外文字对照。

（四）积极推进休闲产业的开发

休闲产业的发展应该是休闲型城市建设的重要组成部分。从潍坊市休闲产业的发展来看，主要应从以下几个方面着手。

1. 休闲旅游业

其中包括生态旅游业及文化旅游业两个方面。潍坊市生态旅游资源得天独厚，可以开发 50 公里休闲旅游圈及 100 公里休闲旅游圈两个线路。车程在一至两个小时左右。50 公里休闲旅游圈包括市区的十笏园、富华乐园、潍坊博物馆、金宝乐园民俗游、杨家埠景区、潍坊风筝博物馆、浮烟山、九龙涧、白浪河湿地、昌乐省级火山地质公园、昌乐宝石展、峡山库区、安丘青云山、青云湖、青龙湖、东路大鼓、寿光羊口清河尘湿地、昌邑潍坊景观带等；100 公里旅游圈包括临朐沂山、石门坊、老龙湾、山旺化石、仰天山、诸城恐龙博物馆、古琴、公冶长书院、常山万佛园，高密"三绝"、茂腔、滨海生态休闲区，等等。

2. 乡村休闲产业

潍坊乡村休闲产业资源丰富，名类繁多，特色鲜明，发展前景广阔，但仍处于起步阶段。在这一方面可以依托原有的基础，大力推进乡村自驾游、观光游、体验游等各种方式的休闲活动。例如以寿光蔬菜高科技示范园、菜博会、青州花博会、昌乐尧沟西瓜示范园、昌邑绿博会等节会资源为载体，开发乡村旅游产品，规划开发吃、住、游、观光、采摘、体验等一体化的农村休闲旅游度假模式，完善旅游资源，形成城乡一体化的休闲旅游产业。

3. 商务休闲产业

市场经济的快速发展已使商务与休闲活动紧密地结合在一起,围绕商务活动衍生出的一系列休闲产业涵盖了购物、餐饮、娱乐、健身等休闲服务。潍坊是山东半岛蓝色经济区、胶东半岛高端产业聚集区和黄河三角洲高效生态经济区的唯一示范城市,经济基础雄厚,发展前景广阔,商务活动频繁。可以潍坊国际风筝节、寿光菜博会、青州花博会以及昌邑绿博会等节会活动为依托,把商务与休闲结合起来,使参与者享受到现代化的城市休闲方式。目前潍坊市商务休闲主要集中于奎文区白浪河沿边区域,这一地区有众多的购物商厦、发达的餐饮娱乐业、完善的金融服务区,这是潍坊市休闲产业的重要基础。但缺点是商务休闲区域过于集中,不利于其他地区商务休闲产业的共同发展。应在保护白浪河沿边区域优势的基础上,加快向本市其他地区的辐射力度,形成多点开花、共同发展的良好局面。

4. 餐饮休闲产业

从潍坊餐饮业来看,潍坊著名的小吃有朝天锅、城隍庙火烧、鸡鸭和乐、景芝小炒、临朐全羊、高密炉包、大蜜枣、潍坊萝卜、青州密桃、固堤红玉西瓜、临朐柿饼等,享誉全国,这些特色小吃具有一定的品牌效应,但尚未形成规模化、产业化的趋势,品牌保护、商标注册等意识还比较欠缺,因此政府应该采取适当措施加强对这些品牌的保护和扶持,并在当地休闲旅游发展的带动下,把这些特色小吃推向市场,形成集团化、规模化的优势。

5. 休闲购物

随着人们消费水平与休闲意识的增强,休闲购物越来越成为城市休闲的重要组成部分。潍坊市构建休闲型城市的过程中,应把休闲购物场所的建设纳入城市统一规划之中。潍坊现有世纪泰华、V1购物广场、盛和步行街、嘉信茂广场等大型的购物商场,但这些场所较为雷同,相对太过集中,对于景观、商业及文化等的整合能力还不够强,没有形成有所侧重的消费群体,这是应该努力的方向。

6. 文化与体育休闲产业

潍坊被称为国际风筝都,风筝已经成为潍坊的文化符号。潍坊应该以风筝文化为核心,以休闲体育为抓手,以历史文化底蕴为依托,以节会为平台,推动休闲型城市的建设。

体育休闲已经成为潍坊城市休闲的重要品牌坐标,但在这方面的发展还需加强。已有的如富华游乐园、金宝乐园等虽然也有健身的项目,但更加强调娱乐休闲。奥体广场为核心的安顺片区对休闲体育的发展具有很大的拉动作用,但远离城市中心区,尚有待于进一步完善。应投资兴建更具健身意义的便民设施,让市民随时随处都能参加运动,并形成相应的产业链条,进一步推动休闲体育产业的发展。例如寿光市的体育休闲文化产业园综合了休闲、娱乐、健身等各种功能,沂山风景区的攀岩场地、青州驼山滑雪场都是一个较好的发展思路。可以利用北海开展沙滩排球、沙滩拔河、海钓、游泳、冲浪、划船等水上休闲体育活动。以风筝为核心的休闲体育产业是潍坊的一个独特优势,我们应抓住这一重要机遇,大力推广风筝文化,形成产销一体的完整产业链,推动潍坊休闲体育产业的大发展。

与其他众多的国内外城市相比,潍坊最具特色的是其深厚的历史文化底蕴。人文资源与省内其他城市相比具有较大优势,与国内大多数城市相比也毫不逊色。近年来,潍坊市以大项目带动文化产业发展、以重大载体凝聚产业优势,积极培育了云门山、沂山、白浪河湿地、杨家埠民俗大观园、坊茨小镇等文化产业旅游项目,形成了新的经济增长点。潍坊古今文化名人如晏婴、公冶长、郑玄、贾思勰、李清照、刘墉、张择端、王尽美、莫言等灿如群星,这些都是潍坊休闲型城市建设的突出优势,各地可以结合自身特点,推动文化旅游的大力开展。

(五)加强区域合作,积极推广休闲产业一体化

潍坊地处山东半岛中东部,交通四通八达,动车一个小时即可到达青岛,两个多小时可到济南,与烟台联系密切,另有密集的公路、铁路网联结威海、日照等海滨旅游城市。发达的交通运输网络为休闲产业的区域化发展提供了必要的条件。因此,应加强与周边城市的区域合作,打造大休闲产业,形成旅游休闲产业的优势互补。例如,与青岛合作,实现客源的交流。自2007年开始的潍坊与青岛的合作到目前有了较大的进展,这是很好的区域合作模式,可以参照这一模式加强与其他沿海旅游城市的交流与合作。另外,可以利用黄河三角洲高效生态区建设契机,寻求与东营、滨州的合作,共同开发黄河入海口资源,推动黄河三角洲旅游产业。这种区域合作可以按照不同的城市,寻求不同的合作模式,以旅游产业为先导,不断进行深化,推动合作领域向休闲产业的整体层面发展,最终形成区域休闲产业的全面合作局面。

参考文献

[1] 马惠娣、张景安:《中国公众休闲状况调查》,北京:中国经济出版社2004年版。

[2] 马惠娣:《文化精神之域的休闲理论初探》,载《齐鲁学刊》,1998年第3期。

[3] 逄爱梅、王何:《对上海市民周末休闲的透视》,载《上海综合经济》,2004年第7期。

[4] 关丽萍、何瑛:《乌鲁木齐市居民休闲活动特征研究》,载《新疆师范大学学报》,2005年第3期。

(作者简介:王刚,男,潍坊学院马克思主义学院讲师)

第五篇

马克思主义指导下的高校建设经验

过程系统论视阈下地方高校大学生科技创新活动体系构建研究

当今时代的竞争是综合国力的竞争，是知识经济的竞争，是科技创新的竞争，归根结底是人才的竞争。地方高校大学生科技创新活动体系是国家创新系统的一个子系统，在国家科技创新体系中占有不可忽视的重要地位。地方高校大学生科技创新活动要实现培养人才、服务地方建设与发展的目标，就需要构建一整套符合人才培养规律的科技创新活动体系，系统分析地方高校大学生科技创新活动体系的构成要素、结构及其基本特性，搭建框架体系，能够有力地提高地方高校大学生的科技创新活动的针对性和实效性。地方高校大学生科技创新活动是伟大的社会实践活动。马克思把实践活动看成一个动态的过程，马克思在实践活动的基础上，阐述了认识的辩证发展过程。在马克思看来，认识是实践活动主体和客体的统一。毛泽东指出："实践、认识、再实践、再认识，这种形式，循环往复以至无穷，而实践和认识之每一循环的内容，都比较地进到了高一级的程度。"[①]

一、地方高校大学生科技创新活动体系的要素

"系统"一词最早源于古希腊语，是指由部分组成整体的意思。美

---

① 《毛泽东选集》第1卷，北京：人民出版社1991年版，第296—297页。

籍奥地利生物学家贝塔朗菲认为，系统是"由若干相互联系、相互作用的要素组成的、具有特定功能的有机整体"①。由此，系统论视阈下的地方高校大学生活动科技创新体系是指围绕某一科技创新目标由不同创新主体、创新客体、创新环体和创新介体构成的一个有机整体。地方高校大学生科技创新活动体系是由要素依据特定的关联构成的有机整体。地方高校大学生科技创新活动体系的诸要素之间通过相互影响、相互制约、相互作用而形成的比较稳定的结合方式，便成为地方高校大学生科技创新活动体系的结构。任何一项科技创新的实现或创新活动的最终完成都是体系中诸要素作为一个整体发挥作用的结果。地方高校大学生科技创新活动体系的基本要素包括主体、客体、介体、环体四个方面，同时，这四个方面不是静态平面的一维的存在与发展，而是动态立体的多维存在与发展。这就需要从过程系统论的角度构建地方高校大学生科技创新活动体系。

创新主体。地方高校大学生科技创新活动体系的主体要素指那些具有主观能动性的要素。作为个体从事科技创新活动的人是最基本的主体要素，主体的创新能力取决于其思维方式、智力水平以及通过后天培养所获得的知识结构、行为习惯。由创新个体组成的具有创新能动性的组织，是地方高校大学生科技创新活动体系的更高层次的创新主体。创新组织的创新能力由个体成员的创新能力和组织内部的逻辑结构决定。个体成员之间的相互作用的方式和程度等差异都将最终影响到组织的创新能力。简而言之，地方高校大学生科技创新活动主体主要由高校创新组织、地方校企合作中的企业创新组织、高校教师和大学生等共同构成。学校组织的创新发展、企业组织的创新发展、高校教师创新能力的提高、大学生创新意识的觉醒与创新能力的提升都是一个动态的发展过程，与其他创新活动要素协同发展、相互作用。因此，优化创新主体的

---

① 贝塔朗菲：《一般系统论》，秋同、袁嘉新译，北京：社会科学文献出版社1987年版，第15页。

内在结构对于创新能力的充分发挥具有重大意义。

创新客体。地方高校大学生科技创新活动体系的客体要素指创新主体所指向的对象。创新总是要针对特定的对象并在对其进行认识和改造的基础上实现对其创新的目的。地方高校大学生科技创新指向的客体即创新科技活动，主要包括创新目标的选择、创新方案的设计、创新活动的实施、创新成果的校验等。地方高校大学生科技创新活动的客体也是不断在创新活动过程中发展变化的地方高校大学生科技创新活动体系中的主体要素决定，是一个动态的活动过程。同时，地方高校大学生创新活动体系中客体与体系中的其他要素也是在相互作用中动态发展的。地方高校大学生科技创新活动体系中的主体要素决定了整个系统的创新能力，而客体要素的性质与结构决定着创新的难度，因此，创新客体要素反过来对创新主体要素具有反作用。创新主体与创新客体之间是双向互动作用的关系，创新主体与创新客体随对方的改变而改变，实现协同发展进而实现创新目标的效果。实践活动的主体由个体与群体构成，实践活动的客体是由客观物质世界构成的，实践活动的主体和客体都是不断发展并延伸到无限的未来，是无限和有限的有机统一。因此，地方高校大学生科技创新活动是由主体和客体共同作用的有限过程和无限过程的统一。

创新介体。地方高校大学生科技创新活动体系的中介要素是指连接创新主体和创新客体的中间环节。地方高校大学生科技创新活动体系的中介要素包括管理方式、组织制度、体制机制、文化因素、思想观念等软件资源以及设备、仪器、资金、技术等硬件资源。这些地方高校大学生科技创新活动的介体同样是在动态变化过程中不断更新与发展的，随着大学生科技创新实践活动的推进，相关软件因素不断改进与提高，相关硬件因素不断更新与升级，双重推动地方高校大学生科技创新介体的动态发展。中介要素不仅是实现创新目标的工具手段，也是地方高校大学生科技创新活动体系的构成性要素。中介要素是连接创新主体和创新客体的桥梁，中介要素对主体和客体的创新能力起着连接的作用。

创新环体。地方高校大学生科技创新活动体系的环体指创新活动的外部情况和条件。地方高校大学生科技创新活动体系并不是孤立存在，而是存在于与其相关的复杂环境之中，与内外部环境有着密切联系。"系统具有不断地与外界环境进行物质、能量、信息交换的性质和功能，系统向环境开放是系统得以向上发展的前提，也是系统得以稳定存在的条件"。① 创新环体包括社会环境、教育环境、文化环境、政策环境以及体制环境等。在马克思看来，人与人之间形成的关系不可避免地受到前人的影响，前人为后人"预先规定新的一代本身的生活条件，使它得到一定的发展和具有特殊的性质"②。人类历史发展的每一个阶段都会形成一定的物质结果，一定数量的生产力总和，而这些都会随时代的发展而改变。这些环境是不断发展变化的，随着环境的改变，地方高校大学生科技创新活动要通过调整与环境相适应，使地方高校大学生科技创新活动体系各要素在相互作用中实现完美运转。可见，地方高校大学生科技创新主体与客体在相互作用中发挥作用，通过介体连接主体与客体，并在相应的环境中相互作用，从而构成了地方高校大学生科技创新活动的过程体系。

二、地方高校大学生科技创新活动体系的结构

地方高校大学生科技创新活动体系的结构是指创新诸要素之间关联方式的总和即将诸要素协同整合为统一体。地方高校大学生科技创新活动体系的结构由地方高校、地方企业、地方政府和地方科研院所共同构成总的系统结构，同时，各子系统中又存在着相互作用的结构要素。在

---

① 魏宏森、曾国屏：《系统论：系统科学哲学》，北京：清华大学出版社1999年版，第224页。

② 《马克思恩格斯选集》第31卷，北京：人民出版社1995年版，第92—93页。

地方高校大学生科技创新活动体系结构中，地方高校是创新的核心。创新的核心体现为战略选择的关键、核心能力的提升以及制约瓶颈的突破等。地方高校是地方高校大学生科技创新活动体系实现的前提条件和依据。因而，要以地方高校为核心分解地方高校大学生科技创新活动体系的整体功能，进而形成诸多子系统。地方高校大学生科技创新活动体系诸功能子系统之间存在着相互联系、相互依存、相互制约的关系，它们通过特定的关联结合在一起，形成了一定的结构。子系统之间本质的联系决定着整个体系的发展和变化规律。这些创新子系统在逻辑上具有相对独立的关系，并且其创新在过程上同步，在时间上并列。地方高校大学生科技创新活动体系的结构如图1-1所示。

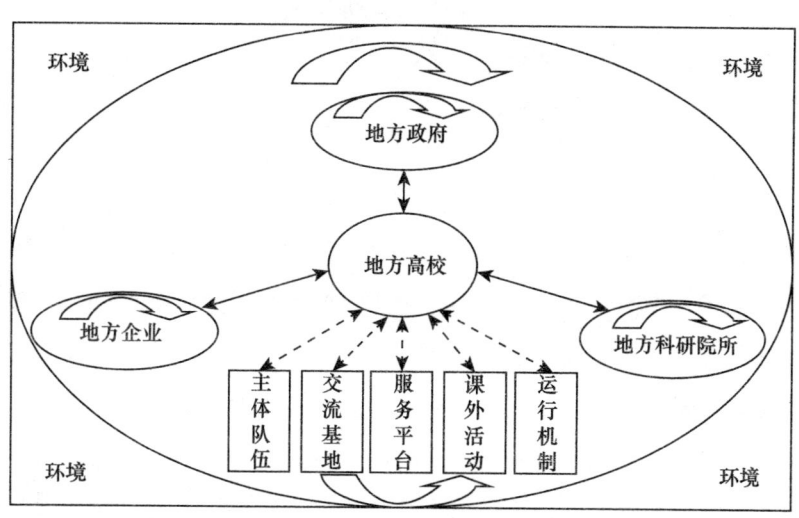

图1-1 地方高校大学生科技创新活动体系结构图

在图1-1中，地方高校、地方企业、地方政府和地方科研院所之间结成了互动关系，形成了地方高校大学生科技创新活动系统的"五环结构"。这种结构决定了以下5种不同的创新模式：第一环——地方高校、地方企业、地方政府和地方科研院所在共同环境作用下的体系内诸系统的合作创新；第二环——地方高校与地方企业合作创新；第三环——地方高校与地方政府；第四环——地方高校与地方科研院所合作创新；第五环——地方高校子系统内部的有机协同创新。包括"主体队伍—交流基地—服务平台—课外活动—运行机制"的教学科研运转子系统循环。图1-1中，直线表示要素之间信息、技术、人才、资金以及政策等资源的流动。虚线表示地方高校子系统内部的资源整合。

三、地方高校大学生科技创新活动体系的特性

地方高校大学生科技创新活动体系的基本特性是创新活动在与其环境的相互作用中表现出来的特性。任何地方高校大学生科技创新活动体系都有其特定的功能属性，而且任何地方高校大学生科技创新活动体系都具有其元素总和所不具备的性质，即所谓的整体性。地方高校大学生科技创新活动体系的基本属性由创新体系的结构与创新体系的外环境共同决定。

相对稳定性。"稳定性是系统存在的一个基本特性。一系统的结构一旦形成，它总是趋向于保持某一状态，此即系统的稳定性。"[1] 实际上，体系的稳定是有条件的、相对的，即当体系维持自身平衡的外部条件尚未发生改变时，体系能够维持在相对稳定的状态。地方高校大学生科技创新活动体系一旦形成一定的结构，在转化为其他结构之前，总是存在一个结构稳定期，这是一种相对的、暂时的稳定性。也就是说，地方高校大学生科技创新活动由地方高校、地方企业、地方政府和地方科研院所之间所结成的互动关系在一定时期内，呈现出相对稳定的结构状态。

动态可变性。地方高校大学生科技创新活动在一定时期内具有一定的稳定性，然而，事物总是不断发展变化的，是一个动态运行的过程，地方高校大学生科技创新活动体系并不是一成不变的，而是处于运动变

---

[1] 伍海华：《现代经济发展》，青岛：青岛出版社1995年版，第49页。

化以及优化、提升之中。地方高校大学生科技创新活动体系作为具有特定结构和功能的体系不是静态的,而是动态的运行,是从其产生起就处于相对稳定、动态的运行状态。地方高校大学生科技创新活动体系形成之后,体系内诸要素在与环境的相互作用过程中不断改变自己的形态,呈现出明显的可变性。地方高校大学生科技创新活动体系目前的结构状态是系统中各要素相互作用以及系统受外界环境影响的结果,同时又是形成新的体系结构的基础。

整体协调性。地方高校大学生科技创新活动体系是由创新主体、创新客体、创新介体和创新环体构成性要素以某种关联方式构成的具有创新功能的整体,作为体系内部单元的要素一旦构成地方高校大学生科技创新活动体系整体,就具有任何独立的要素所不具备的整体性功能,形成新的质的规定性,从而表现出地方高校大学生科技创新活动体系整体的性质和功能远远大于其构成性要素性质与功能的简单叠加。地方高校大学生科技创新活动体系能够通过调节自身以及系统与环境间的相互作用使其结构与功能协同发展。地方高校大学生科技创新活动体系的协调性是系统整体性的和系统优化趋势的基本要求,通过系统的协调,可以减少系统的负效应,从而提高系统的整体输出功能和效应。

四、地方高校大学生科技创新活动的基本方略

创新是马克思主义理论的核心精神。马克思提出:"科学和技术使执行职能的资本具有一种不以它的一定量为转移的扩张能力","劳动生产力是随着科学和技术的不断进步而不断发展的"等论断,形成了"科学技术是生产力"的基础。[1] 邓小平指出:"马克思说过,科学技术是生

---

[1] 《马克思恩格斯全集》第 31 卷,北京:人民出版社 2001 年,第 698—699 页。

产力，事实证明这话讲得很对。依我看，科学技术是第一生产力。"① 地方高校大学生科技创新活动体系作为国家创新体系的一个子系统，其构建和运行无论是对高校自身发展还是对创新型国家的建设都具有重大战略意义。因此，要推进地方高校大学生科技创新体系的构建，并以此为基础，制定地方高校大学生科技创新活动的基本方略。

地方高校大学生科技创新活动体系由主体、客体、介体、环体四要素构成。因此，在制定地方高校大学生科技创新活动基本方略时，要从这四个方面入手。首先，从主体看，地方高校大学生科技创新活动的主体发展主要由个体和组织构成，要积极推进个体创新意识的觉醒和创新能力的提高，同时，要加强创新团队建设，充分发挥团队协作的作用。其次，从客体看，地方高校大学生科技创新活动的目标选择、方案设计、活动实施、成果校验等均需考虑整个系统的协调性和整体性。再次，从介体看，地方高校大学生科技创新活动的介体由软件资源和硬件资源共同构成，因此，既要推动管理方式、组织制度、体制机制等软件资源的提升，也要推动设备、仪器、资金、技术等硬件资源升级换代。最后，从环体看，地方高校大学生科技创新活动要充分考虑到各种环境要素以及各要素之间的相互作用关系，推进软环境和硬环境的优化。

地方高校大学生科技创新活动系统结构由地方高校、地方企业、地方政府和地方科研院所共同构成。因此，在制定地方高校大学生科技创新活动基本方略时，除了需要考虑构成要素外，也要考虑系统结构。首先，要推动地方高校、地方企业、地方政府和地方科研院所体系内诸系统的创新协作，充分发挥它们之间的相互作用。其次，要推动地方高校与地方企业创新协作，充分发挥地方高校子系统和地方企业子系统内部要素之间的相互作用，促进校企合作。再次，要构建地

---

① 《邓小平文选》第3卷，北京：人民出版社1993年版，第2页。

方高校与地方政府的联动机制，实现地方高校与地方政府的创新互动。复次，推动地方高校与地方科研院所创新协作，充分发挥团队协作效应，实现人才培养与应用的强强联合。最后，加强地方高校子系统内部的有机协同创新，充分发挥地方高校在大学生科技创新活动中的核心作用。

（作者简介：邹丽萍，女，潍坊学院马克思主义学院副教授）

思想政治教育视阈下的
高校辅导员话语研究

辅导员话语,是指辅导员在高校思想政治教育教学实践过程中表现出来的具有一定指向作用的话语。在高校思想政治教育的过程中,辅导员话语作为思想政治教育的一种特殊手段,影响了教育目标的实现。因此,不断加强思想政治教育领域中高校辅导员的话语,推进辅导员话语的完善具有极为重要的意义。

一、辅导员话语的具体特征

辅导员作为具有教师和干部这两重身份的教育者,在教学过程中发挥了教育以及管理的职能,也就是说,辅导员这一工作兼有教育、服务以及管理这几项特性,这也就让辅导员在思想政治教育中的话语具有了特殊的性质。[①]

(一)交际话语和角色话语相互融合

高校辅导员作为具有社会职业特征的一个工作角色,在教学过程中

[①] 张静:《思想政治教育视角下的高校辅导员话语权研究》,载《河南教育(高教)》,2016年第4期。

需要完成与其职业有关的工作任务，这一特殊的职业角色也对辅导员的角色话语起到了指导作用。辅导员这一社会职业工作者的社会角色，也就是"开展大学生思想政治教育的主要力量、高校大学生思想政治教育工作的管理者、实施者、物质者和指导者"。这一特殊属性决定了高校辅导员的话语要有一定的侧重面，要展现出思想性、政治性、文化性以及道德性的特点。角色话语作为辅导员工作中的主要话语，对辅导员的工作起到了重要的引领作用。

同时，辅导员毕竟也是社会中的普通一员，这就决定了在高校教学工作之外，辅导员也会与学生有着一定的交际，也就决定了辅导员还扮演了学生朋友、兄长的角色，在这样的交际过程中，用于交流的话语就有着社会性和生活性的特点。①

辅导员这一工作也有着明显的实践性特征，也就说明了辅导员用于交际的话语能够在社会以及生活中得到更为广泛的应用，把交际话语作为辅导员的带头者，这种做法很大程度上为实现辅导员的社会角色提供了便利。同时，辅导员在开展高校思想政治教育的工作中，教育工作的社会属性也就为辅导员的角色话语地位打下了一定的基础，这种社会属性要求辅导员要尽量减少对不正当话语的使用，充分发挥角色话语在高校思想政治教学中的教书育人的作用。

（二）辅导员话语霸权和话语失语共同存在

根据相关法律法规，为加强对大学生的管理，高校大都设有一定数量的辅导员岗位，并对其工作职责与相对应的权力作出了规定。

高校教育工作的顺利开展，需要给予辅导员一定的教育和管理权力，这是辅导员开展工作的有效保障，也是辅导员必须拥有的"教育特权"。与处于被管理地位的大学生相比，辅导员因有相应组织的支持、

---

① 张勇、刚旭、张鹏：《网络思政视域下高校辅导员话语体系的构建及创新》，载《吉林农业科技学院学报》，2017年第3期。

有一定的"教育特权",决定了其话语的优势地位。在这样的条件和背景下,辅导员很可能会在无意中忽视学生的话语权,这样就很容易会在学生群体中形成一定的话语霸权。

然而,也要看到,高校辅导员在高校教育行政体系中处于地位不高、专业化能力不强的状况,如果辅导员缺乏一定的理论素养,科学文化知识的储量不足,也会造成话语表达发生转变,处于不利地位,使其在政治和学术话语的压迫下出现失语的现象,进而造成话语的无效性。

综上,降低辅导员话语霸权,以及打造属于辅导员的特定的话语权,就成为高校辅导员话语体系建设过程中的必要程序。

(三)辅导员话语接受及话语转换直接的连续性

高校辅导员工作涉及很多方面的内容,然其工作的重心仍是思想政治教育工作,包括政治和思想两个范畴。政治教育可以归结为信仰性的教育,重点是引导、输送以及控制;思想教育可归结为认知性教育,侧重讲述道理和引导。这就决定了辅导员必须具备良好的理论和专业素养,能够接受、理解并认可具有政治特征的话语、思想性话语的能力和水平,能够对这些话语做到真正的理解和运用。同时,辅导员还要把工作与社会经验有机结合起来,在教学过程中把政治和思想性的话语转化为辅导员自身的话语,通过一定的教育手段把这种话语传达给受教育的对象,让受教育者接受并理解,从而实现高校思想政治教育的目标。[①]因此,辅导员要保持良好的话语接受和转换系统,两者有机结合,以保证高校思想政治教育工作的顺利开展。

---

① 陈锴:《高校辅导员网络思政教育话语权的弱化与重塑——以社交媒体的运用为研究视角》,载《太原城市职业技术学院学报》,2016年第9期。

二、高校思想政治教育中影响辅导员话语功能发挥的重要原因

辅导员的话语是在特有的主体条件下在一定的环境下对相应的对象开展的教育实践活动。辅导员作为高校思想政治教育的主体，在教育中的能力、受教育的对象以及开展教育活动的环境都对辅导员话语功能的发挥起到了不可忽视的影响作用。①

（一）辅导员话语在话语体系之外处于不利地位

知识、权力和话语之间有着一定的联系，权力成就知识，知识服务于权力，同时还要通过话语来进一步解释权力和知识之间的关系，缺乏了话语就很难构建一个完整的知识体系，也会导致权力不能得到充分的表达。在高校的话语体系中，辅导员的话语处于明显的不利地位，这就对辅导员话语的充分表达起到了一定的限制作用。而导致辅导员话语处于不利地位的原因与辅导员在高校中的身份和工作有着很大的联系。作为高校辅导员，其重点工作就是要在高校思想政治教育课程中向学生讲授知识。如若辅导员在学科的专业性上缺乏经验，对一些学术研究工作不能完成，这样就会造成辅导员的话语处于不利地位。辅导员作为教学过程中的管理者，必须要加强对班级活动和校园文化活动的组织和管理，然而这种身份却让辅导员的地位处于高校管理的底层，需要完成各项任务，同时又受到上层管理者的约束，这些工作都对辅导员造成了一定程度的压力，也就在一定程度上削弱了辅导员在高校思想政治教育工

---

① 王舟：《思想政治教育视域下高校辅导员在大学生就业指导工作中的问题分析研究》，载《才智》，2018年第18期。

作中的重要地位，导致辅导员的话语权进一步被削弱。①

（二）辅导员自身的素质对辅导员话语的表达能力起到了制约作用

辅导员在开展思想政治教育工作的过程中，话语起到了重要的作用，它既是一种教育的手段，同时也是辅助教育的工具②，所以辅导员要培养自身的话语能力。就目前来说，辅导员话语能力的缺乏在一定程度上对高校思想政治教育工作的开展起到了严重的制约作用。

首先，高校内的一些辅导员因为缺少相应的理论修养和专业素质，缺乏对马克思主义理论的掌握，不能全面的掌握高校思想政治教育的规律，这就很难准确的表达思想政治教育中的话语。

其次，一些辅导员在思想政治教育中缺乏相应的政治性话语，对很多规则话语理解不透彻，不能把这些规则性话语转化为工作话语。

再次，一些辅导员对社会生活缺乏重视，不能从现实生活中借鉴一定的经验，这也造成了辅导员话语内容缺乏内在精神，不能被学生完整的接受。③

最后，因为辅导员在对语言表达的理解过程中缺乏规律性认识，这就影响了辅导员话语表达的多样性，使得学生产生枯燥、乏味的感觉，同时让学生产生抵抗情绪。④

（三）受教育者以及社会生活对辅导员话语环境造成了影响

辅导员话语是一个对象性质突出的实践活动，由于教育对象和环境

---

① 王雪：《思想政治教育视域下的高校辅导员微博建设研究》，载《科教导刊》，2016 年第 4 期。
② 姚云婵：《微观视阈下高校辅导员胜任力在思想政治教育中的应用》，载《人力资源管理》，2017 年第 9 期。
③ 游然：《"微时代"视域下辅导员开展大学生思想政治教育工作研究》，河北师范大学硕士学位论文，2016 年。
④ 朱飞、马素伟：《高校辅导员思想政治教育话语研究》，载《学校党建与思想教育》，2016 年第 13 期。

的改变也就对辅导员的话语地位产生了影响。在市场经济体制不断完善的背景下，要不断推进经济利益的多元化、社会组织的多样化、社会生活的多样化、就业方式的多样化以及经济成分的多元化，因此还要不断树立大学生的自主意识。[①] 而在依法治国的背景下，要求大学生要树立平等意识，所以，要从社会观念层面加强推进大学生先进观念的形成，从制度上保证大学生话语权，减少对辅导员话语的有效制约。同时，科学技术的发展也对学生的受教育渠道起到了影响作用，这就对辅导员的教育地位起到了重要的影响作用。互联网背景下的科学技术，使得信息变得灵活多样，表现形式也更加多样化，这也是辅导员话语表达的内容以及形式不断完善的重要原因之一。除此之外，在全球化浪潮的影响下，意识形态发生了日新月异的变化，价值形态不断的改变，这也就造成了价值形态的不断改变，这种意识形态的改变也就要求辅导员话语要随之改变。[②]

以上影响辅导员话语的重要因素也会逐渐转变到高校思想政治教育上，这在一定程度上会对教育目标的实现产生一定的制约作用。所以，要不断探索新的途径，以此来不断完善辅导员话语的功能，让辅导员话语能够更好地为高校思想政治教育提供服务支持。

三、充分发挥辅导员话语功能的具体做法

（一）改变教育理念，提高对社会生活的重视

要贯彻落实以人为本的这一全新的教育理念。思想政治教育工作的重点是加强对人的教育，特别是加强对做人的教育工作，这也就决定了

[①] 高冠地：《基于微信平台的高校辅导员思想政治教育话语研究》，华东政法大学硕士论文，2016年。
[②] 罗华香：《自媒体视域下辅导员话语优化与高校思想政治教育》，载《兰州教育学院学报》，2017年第5期。

高校思想政治教育必须坚持以人为本的基本理念。高校思想政治教育的主要对象以及教育主体都是人，这就要求辅导员要把关心人、改造人、尊重人、培养人作为教育工作的侧重点。具体来说，就是要以人为本，以学生为本。要从思想深处改变教育者高高在上的腐朽观念，明确学生在教育中的主体地位，充分尊重学生在学习过程中的主观能动性，在教学实践中不断完善自身，改变辅导员话语霸权的情况，坚持平等交流的选择，达到互利共赢的目的。其次，高校思想政治教育工作还要以辅导员为本，高校要充分落实与辅导员有关的政策，加强对辅导员自身需求的关注，重点突出辅导员作为教育主体的地位和作用，加强学校的制度建设，充分保障辅导员的教育权力，加强对辅导员身心健康的关注，进一步提倡自由的教育风气，为辅导员发挥话语教育的功能提供相应的条件支撑。

加强对社会生活的关注力度。高校思想政治教育是在一定的环境和条件下实现的，而社会生活是辅导员话语的重要来源。马克思曾指出："精神受到物质的影响，物质简单来说也就是语言。"同时他还指出："并不是意识决定了生活，而是生活决定了意识。"这也就要求我们要从社会生活的实际出发，从社会生活中吸取话语，总结出具有高度思想政治教育意义的话语，而且还要把对思想政治教育有用的话语科学合理运用到思想政治教育的实际生活中，用辅导员话语的教育功能为更多同学解决实际生活中遇到的困难，不断增强辅导员话语的实践性和说服力。

（二）提高辅导员自身的素质，增强辅导员话语表达的能力和水平

辅导员话语在高校思想政治教育中有着重要的地位，而辅导员也是话语的使用者和推广者。话语在使用过程中要注意话语的规则性。在使用话语的过程中，话语内容决定了话语能力的提高和改变。要从话语的使用者——也就是辅导员本身出发，加强对辅导员的话语水平培养，提

高辅导员的话语能力和话语水平。这其中就包括了辅导员的人文素养和辅导员的理论及专业素养，同时还包括了辅导员的社会生活经验和人生阅历、辅导员的道德素质以及辅导员运用新媒体新技术的能力和水平。首先，要提高辅导员自身的文化素质，增强对语言的理解能力，能够基本掌握语言的规律，同时不断增强自身的话语表达能力。其次，合理运用马克思主义理论，把科学的世界观和方法论作为指导来对世界进行改造，充分掌握大学生思想的规律，提高辅导员话语的有效性和科学性。再次，辅导员要不断积累社会生活中的经验，增强自身的人身阅历，这样才能合理地利用语言素材，加强对语言素材的转换能力，提高思想政治教育的水平。同时，要提高辅导员的道德素质，让辅导员的话语更具说服力。最后，辅导员要加强对新技术和新媒体的运用能力，加强对网络的了解和运用，加强对舆论的引导和掌控工作。

（三）提高辅导员话语艺术表达、形式以及内容的整体提升

辅导员话语作为有着艺术性特征的思想表现形式，在使用的过程中要对话语情理的有机结合高度重视。在开展教学活动的过程中，辅导员要注意"动之以情，晓之以理"，把感情投入到工作中去，加强对学生感情的培养，这样才能使得交流更加融洽。要从情出发，着重说理，同时辅导员还要能讲清道理，做到以理服人。在开展教学活动的过程中辅导员也要注意对话语情景的把握，话语作为人际交流的一种重要形式，在交流过程中要把握交流的时机、情感氛围以及交流的场合，这些都会受到话语的影响。也就是说在交流的过程中，辅导员要能够准确的把握话语的时机，选择合适的场合，提高话语的感染力和认可度，让交流氛围变得活跃自然。要增强对人与事之间结合的调整，从细节出发，通过观察，关注学生的身心健康成长，以学生的个性为依据，根据不同的话语主题与不同的对象进行有效的话语交流。

多种形式的话语在辅导员的教学过程中穿插使用，一方面在一定程

度上加强了辅导员话语的通俗性，让学生能够更快的理解。另一方面是实践性的话语涉及了宏观和微观两个范畴，在这其中，微观话语作为话语新开拓的领域，大多数情况下是对学生进行虚拟的话语沟通，具有细腻的特性，能够赢得学生的青睐。同时还有口头以及肢体话语的全方位使用，把口头话语的简单快捷与通俗易懂有机结合，在很大程度上带动学生的积极性，而肢体语言则是增进学生与辅导员之间的情感交流，减少二者之间的差距，不断增强两者之间的信任度。辅导员的素质和个人品行都会对学生产生无形的影响，因此辅导员要加强对自身的修养和人品的修炼，通过以身作则的理念来引导学生，获得学生的认同和信赖，进而通过话语对学生进行有效的教育。

四、结束语

话语已成为高校教育的最为有效的手段之一，但仍然要不断对其进行拓展和创新。充分考虑社会实际，以思想政治教育为主体和主线，在话语教学中，高校辅导员要尽量减少与教育无关的话语内容，而对具有时代意义的话语，要让学生充分理解。

（作者简介：赵静，女，潍坊学院马克思主义学院副教授）

新时代大学生安全教育状况调查研究及对策分析

高校学生安全问题是我们国家、社会和家庭普遍关注的重点问题。"安全教育是提高大学生安全水平的长期有效途径,是强化全民族安全水平的有力保障,已经成为国家防止事故、减少损失的重要措施之一。"①

高校由于自身的管理和运行模式与中小学存在较大差异,所以大学生的安全教育管理面临更多的问题和更大的挑战。为了给大学生创造一个良好的学习和生活环境,我国各级政府和相关部门出台了一系列有针对性的法律法规及规章制度,包括《普通高等高校学生管理规定》、《普通高等学校学生安全教育及管理暂行规定》、《山东省高等学校安全管理暂行办法》等,这些法律法规和规章制度的出台和运行给高校学生的安全提供了切实的保障。"安全教育涉及的内容非常广泛,应与高校的一切教育活动相联系,应与学校的思想政治教育、道德教育、民主法制教育、校纪校规教育、心理健康教育等相结合。"② 但现实中,由于应试教

---

① 汤继承:《当前大学生安全教育的问题成因及对策研究》,华中师范大学硕士论文,2006年。

② 梁珊珊:《大学生安全教育缺失及高校安全管理体系的构筑》,载《内蒙古师范大学学报(教育科学版)》,2009年第9期。

育的压力客观存在，绝大多数学生都把注意力放在文化课程的学习上；学校与家长则在事实上过多的承担了确保学生在校和在家的安全职责，这直接导致安全教育在中小学实际更多的是流于形式，很多学生安全意识淡薄。所以当迈过高考的独木桥来到大学的时候，学习方式、生活习惯、学习环境以及高校日常管理的巨大变化，很多学生并不能顺利的转变自身角色。当面对着同学来自天南海北，父母不再直接陪伴，高校管理不再事无巨细等情况的巨大变化，很多学生处于一种茫然无所适从的状态。特别是在一些高校或社会组织实践活动中，安全知识的缺乏和自我保护能力的不足，更是使个别学生陷入困境甚至是险境的主要原因。目前这种现象甚至已经成为制约大学生参与实践活动的重要因素，为了确保学生安全，很多有意义的实践活动能不组织就不组织，能不参加就不参加，甚至"为了学生的安全"成了部分高校和老师逃避组织学生工作的借口，这实际上是既逃避了工作，更耽误了学生。

为确保高校学生能够安全快乐地度过大学美好时光，开展系统的安全教育势在必行。高校历来将学生的安全问题摆在工作的核心位置，既制定和出台了有针对性的安全制度和预案，也一直在不断加强高校的安保力量和提升硬件设施水平。但是从学生的角度来说，很多学生并没有在安全意识等方面有一个良好的转变，其思维仍旧停留在在家靠父母，在外靠学校的层面上；高校安保工作的升级，甚至使部分学生在安全方面产生了懈怠心理和依赖意识。基于此，我们以某高校为选取对象，组织了这一次安全教育状况调查，通过调查问卷的发放、回收和汇总分析，力争发现存在于高校学生之间的安全问题，分析这些问题产生的原因，为下一步开展安全教育创造条件，争取使大学生向被动的"给我安全"为主动的"我要安全"转变，同时这也符合了高校切实打造平安校园的初衷。

一、大学生安全现状调查研究和分析

(一) 大学生安全现状调查

本次调查问卷总共发放了 300 份，回收 281 份，调查问卷有效率达到了 93.7%。考虑到初入大学的学生的自身安全能力要比老生的水平差许多，无论是理论知识还是实践经验都有待提高等因素，本次问卷发放的对象主要是高校一年级和二年级的学生，分别占总人数的 85.7% 和 14.3%。在性别方面，男生占 44.2%，女生占 55.8%，比例合理。

1. 您经常关注人身安全方面的知识和问题吗？（图 1）

A. 经常　B. 一般　C. 偶尔　D. 不关注

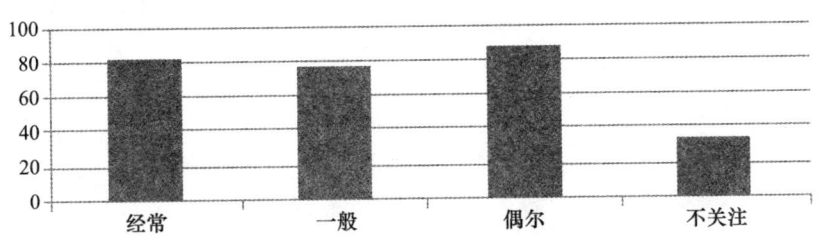

2. 日常的生活和学习过程中您是否遇到过影响自身安全的事件？（图 2）

A. 是　B. 否

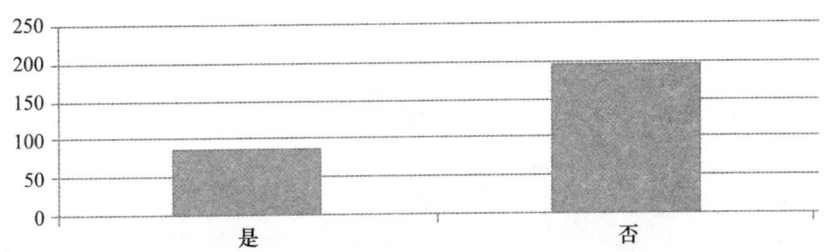

3. 若您经历过影响自身安全的事件，您是否有足够的安全知识去从容应对？（图3）

A. 是　B. 否　C. 不清楚

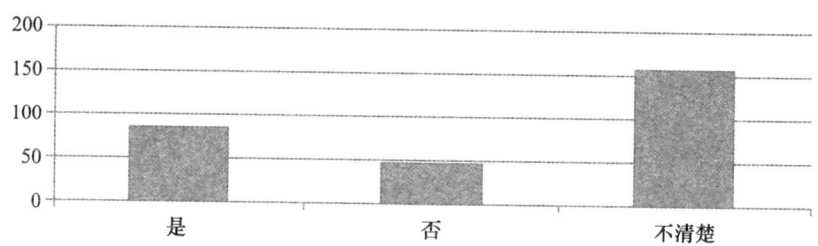

4. 您了解安全知识的途径最主要是什么？（图4）

A. 书籍　B. 网络　C. 电视　D. 安全教育课程　E. 其他

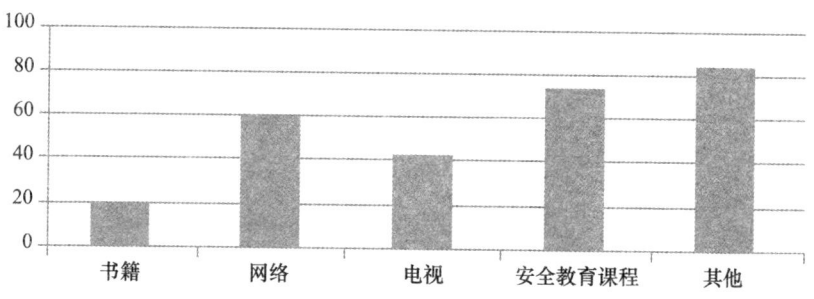

5. 您认为自己对安全知识的了解达到何种程度？（图5）

A. 非常全面　B. 比较全面　C. 一般　D. 不大全面　E. 不全面

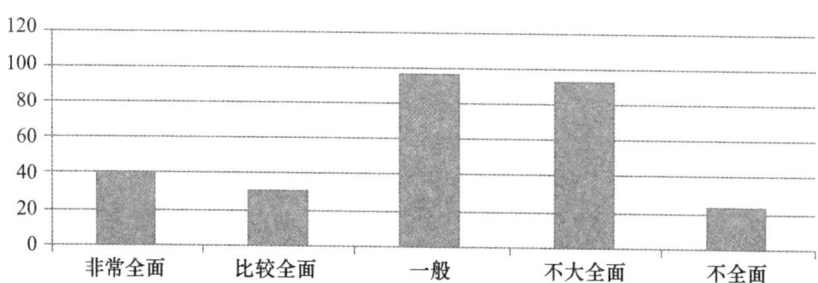

6. 您对自己目前所拥有的安全知识和安全能力满意程度如何？（图6）

    A. 非常满意 B. 比较满意 C. 一般 D. 不大满意 E. 不满意

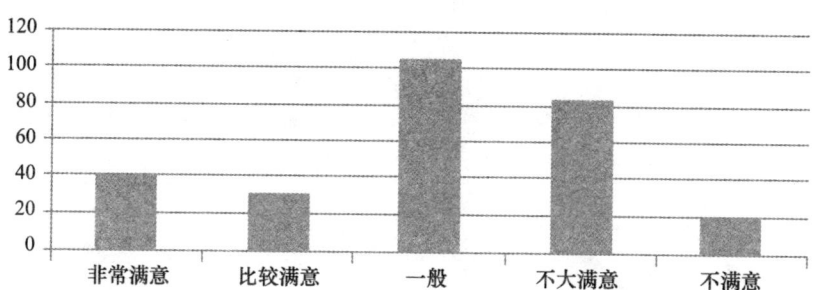

7. 您感觉在小学、初中、高中阶段的学习过程中学校是否重视安全教育？（图7）

    A. 是 B. 否 C. 不清楚

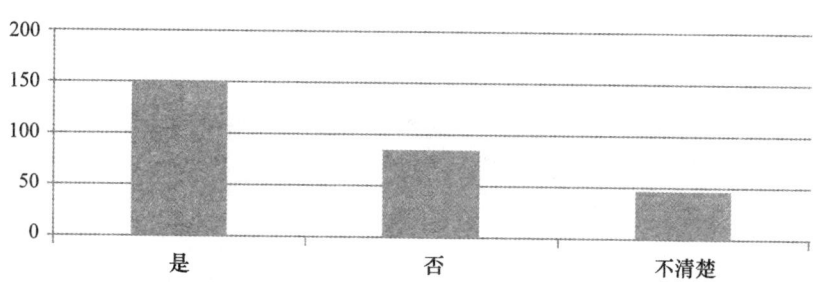

8. 您就读过的小学、初中、高中是否针对学生开设过专门的安全教育课程？（图8）

    A. 是 B. 否 C. 不清楚

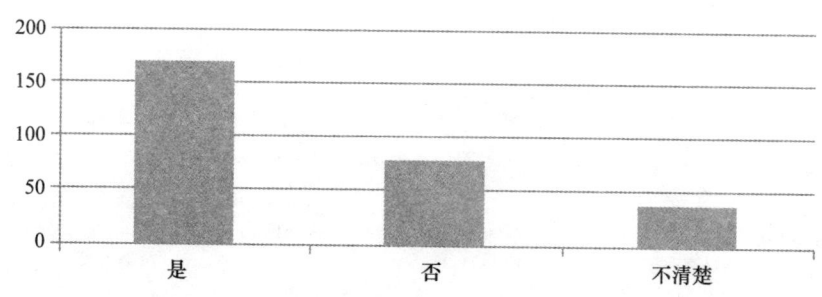

9. 您在小学、初中、高中阶段接受过的安全教育的主要方式是什么？（图9）

    A. 课堂教学 B. 专家讲座 C. 班主任教育 D. 电视等视频资料

    E. 图书等印刷资料 F. 其他

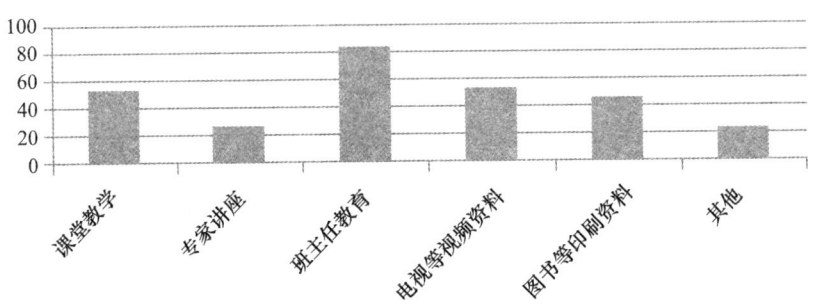

10. 您在大学阶段是否接受过系统的安全教育？（图10）

    A. 从来没有 B. 有，但不系统

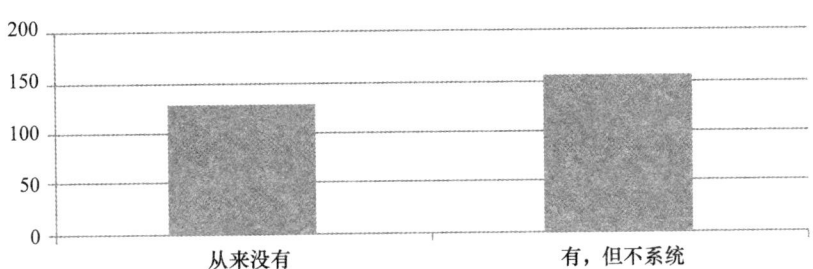

11. 您认为是否有必要通过安全教育课来系统学习安全知识？（图11）

    A. 很有必要 B. 有必要 C. 一般 D. 没有必要

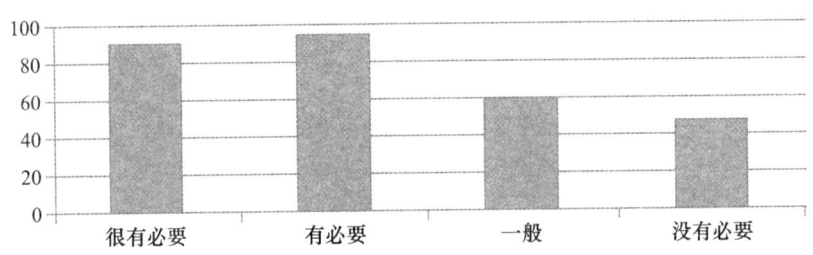

12. 您认为是否有必要将安全教育课程开设为必修课？（图12）

　　A. 很有必要　B. 有必要　C. 一般　D. 没有必要

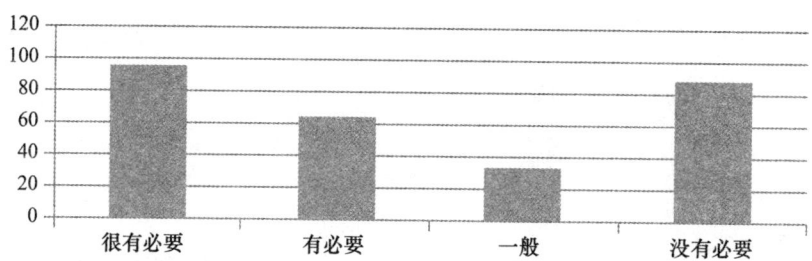

13. 除安全教育课程外，您目前所在的高校是否每一学年都开展安全教育活动？（图13）

　　A. 一次也没有　B. 一次　C. 两次　D. 三次及以上　E. 不知道

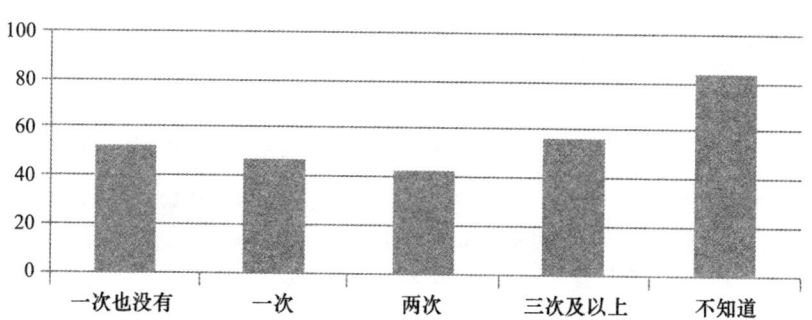

14. 您认为目前所在高校对安全教育是否重视？（图14）

　　A. 非常重视　B. 比较重视　C. 一般重视　D. 不太重视
　　E. 不重视

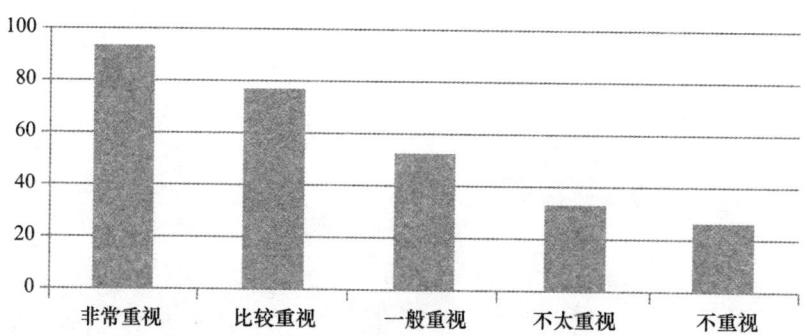

15. 您对目前所在高校安全教育状况的满意程度？（图15）

A. 非常满意 B. 比较满意 C. 一般 D. 不大满意 E. 不满意

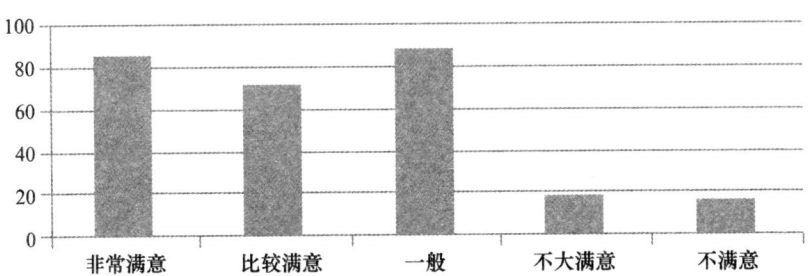

16. 您在高校住宿期间，宿舍是否有人私拉电线或使用过比如热得快、电磁炉等大功率电器？（图16）

A. 是 B. 否

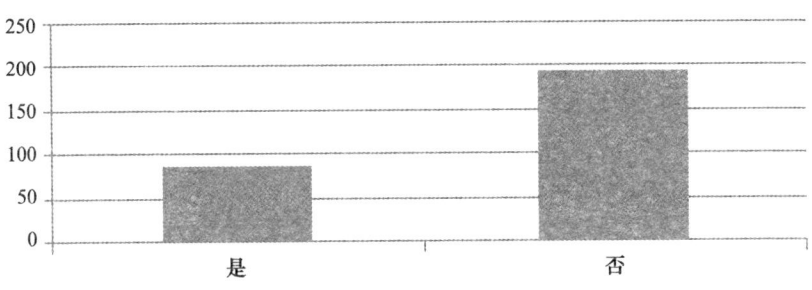

17. 您是否会正确使用消防栓或灭火器？（图17）

A. 是 B. 否

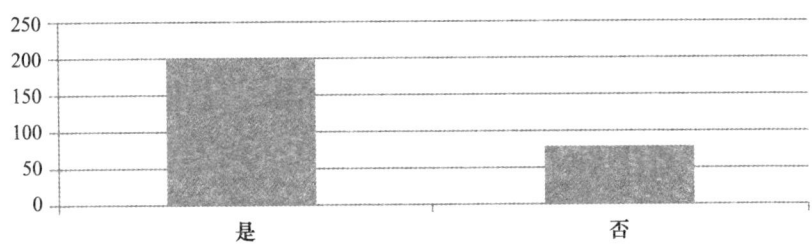

18. 在公共场所,您是否经常关注"安全出口"标志?(图18)

A. 是 B. 否

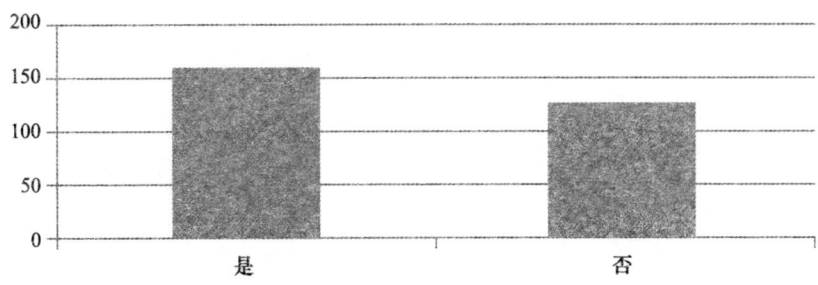

19. 您是否在出行时搭乘过摩托车或"黑的"出租等非正规交通工具?(图19)

A. 是 B. 否

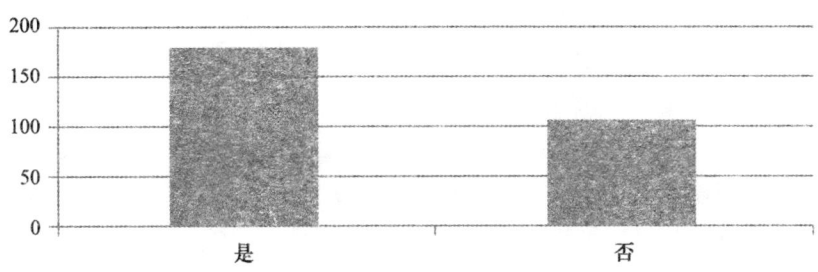

20. 您是否接到过电话、微信、短信等形式的诈骗信息?(图20)

A. 是 B. 否

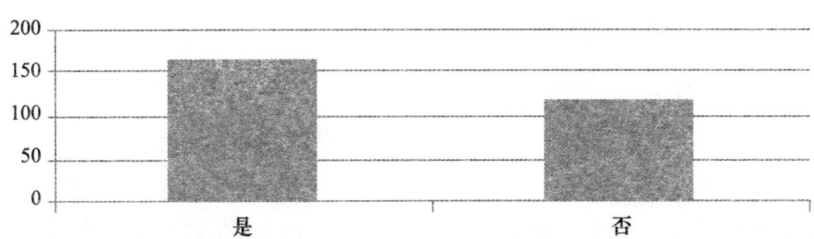

21. 您是否遇到过心理问题？（图21）

　　A. 经常遇到　B. 偶尔遇到　C. 没有遇到

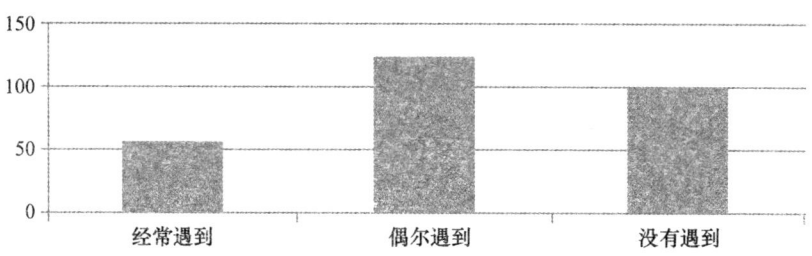

22. 遇到压力或心理问题时您最先向谁求助？（图22）

　　A. 朋友　B. 家长　C. 老师　D. 憋在心里　E. 专业人士　F. 其他

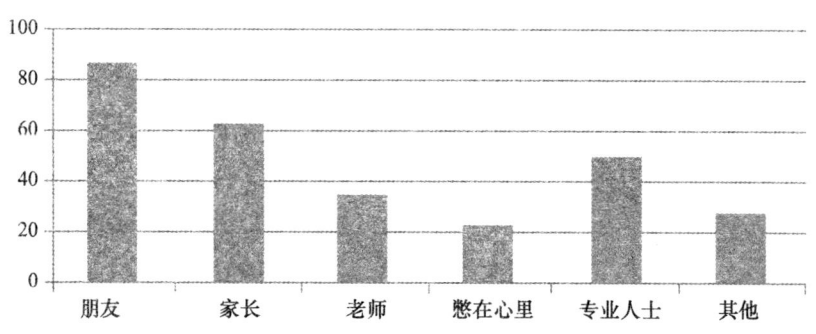

（二）大学生安全问题的分析

通过以上的统计分析，说明在校大学生中间存在的安全问题还是比较明显的，需要引起高校相关部门和人员的重视。问题主要表现在：

第一，问题1、问题2、问题3说明大学生对安全问题的关注程度一般。在问题1中统计显示，至少43.4%的学生对安全问题关注程度很低；在问题2的统计中，有30.6%的学生承认在日常生活中遇到影响自身安全的问题，不到三分之一；问题3中，在经历安全事件中占总数71.9%的学生没有把握可以合理应对可能出现的危险状况。以上统计说明大部分学生只是具有普通程度的安全意识，并没有认真考虑和重视安全方面的问题，当然这也与三分之二多的学生在学业阶段没有经历过安全问题，缺乏一定的经验和教训有关系。这种状况对学生安全踏入高校和融入社会是有潜在风险的。

第二，问题4、问题5、问题6说明大部分学生的安全知识来源并不稳定和明确。有26.3%的学生有从安全教育课程中获得安全知识的经历，而其余73.7%的学生则大多是通过各种媒体等来接触安全知识；很明显，通过媒体等途径获得的安全知识，并不具备系统性和有效性。所以75.4%的学生认为自己的安全知识水平是一般甚至是很不全面的；而74.4%的学生对自己所拥有的安全知识能力满意程度较低，也印证了学生的安全知识水平较低的现状。综上，统计说明学生对自己的安全知识水平还是有一个清醒的认识的，评价也比较中肯，只是结果不是很理想。因此高校在重视日常文化课程教育的过程中，重视和加强对学生的安全教育是很有现实意义的。

第三，问题7、问题8、问题9说明中小学校对安全的重视程度还是比较高的；但在实际的操作过程中，考虑到学校地域的不同、师资的差异、硬件的配置等实际状况，安全教育更多依赖的是班主任、代课老师等非专业力量，主题形式一般也是以班会、展览等形式，所以学生的实际学习效果并不理想。虽然在意识形态方面能够给学生种下注意安全的种子，但在学生生理和心理茁壮成长方面，仍然更多依赖的是学校和家长的经验灌输；甚至手机、电视、网络等非系统的多媒体信息，也成为学生安全知识的重要来源，但这些知识往往限于经验或流于表面，而不是通过系统的学习培养，来满足学生自身需求的安全知识。

第四，问题10、问题11、问题12、问题13、问题14、问题15说明学生普遍认为在大学阶段没有提供系统的安全知识教育，其中认为"完全没有"的占到45.2%，在"是否愿意接受系统的安全知识教育"方面的学生比例占到64.8%，甚至57.3%的学生认为"大学阶段很有必要开设安全教育课程"而且应该设为"必修课"。结合高校实际，学生们虽然也表示对目前高校的安全状况持"基本满意"的态度,但也应该看到43.8%的学生认为高校的安全教育"一般",表示"不大满意",甚至"不满意"。这与目前高校安全问题呈增多趋势有一定的关系。一系列有代表性的案件发生在高校,都曾引起包括大学生在内的广泛的社会关注。但很多高校并没有开设系统的安全教育课程,也缺乏专门的安全教育人才,在课程设置和课程建设中,安全教育课程也没有受到重点关注和推广,很多大学生也意识到安全问题的重要性,却苦于没有系统学习的渠道来解决这个问题。

第五,问题16、问题17、问题18、问题19、问题20说明在高校内部,像宿舍等地方,私拉乱接电源等现象不在少数,这与现在大学生大量使用电子设备有很大关系,这就为像火灾、电击等安全事故的出现创造了条件,甚至已经出现过某高校学生睡觉时被压在身下的手机充电线电死的悲剧。在使用各种电子设备过程中,学生宿舍发生火灾的新闻也时有耳闻。在学生面对这种可能的火灾隐患时,统计数据显示,却有27.8%的学生表示压根不会使用消防栓或灭火器等消防设施,来保护自己和挽救财产损失。大学生的社会经验也相对匮乏,很多学生的安全意识和警惕性不高,据统计有58.7%的学生接到过诸如电信、网络、短信等形式的诈骗,甚至一段时间内,校园贷、裸贷、诈骗等不良和犯罪现象在校园内呈现增多的趋势,这说明缺乏社会经验的大学生始终是犯罪分子重点关注的对象,而部分学生缺乏对自身安全的防护意识也为危险埋下伏笔,统计数据显示,有62.6%的学生曾盲目乘坐过非法营运工具,这已很能说明问题,很多学生的这种不理智行为曾使自己陷于危险境地而毫不知觉。

第六,问题21、问题22说明大学生普遍经历过各种各样的心理问题,其中经常遇到心理问题的甚至占19.9%。这些问题将会是大学生在大学阶段独立学习和生活的不定时炸弹。在高校经常会有个别学生因家庭不和、性格缺陷、失恋被甩等种种原因陷入苦闷、烦躁,甚至抑郁不良情绪当中无法自拔,以至于表现出极端倾向和行为。目前,针对大学生的相关心理问题,解决的方式主要有心理教育、心理疏导、心理咨询等。但对于那些或性格压抑,或情绪暴躁,或交流障碍等具备一定心理缺陷的学生,如何去正确的教育和引导,依然是高校和家长,乃至社会都比较棘手的问题。相信通过开设安全教育课程,进行系统的安全教育,和系统理论和现实案例的学习和反思,可以使安全意识真正走进学生的内心,只有学生自己真正理解了,才能真正爱护自己,保护自己。

二、大学生自身安全问题的产生原因

通过此次调查问卷汇总分析,根据高校实际,结合在工作中与领导、老师和学生经验交流的结果,笔者认为高校学生安全问题产生的原因主要有:

第一,高校带来的学习生活环境的变化使学生不能顺利转变角色。大学生在进入大学后,课业的压力相对减轻,但是迎面而来的新问题也让很多学生应接不暇,比如面临着不断而来的崭新课程的挑战,生活环境不再是简单的"三点一线",新课程、新同学、新老师、新高校,甚至新城市都需要其单独应对,当这些问题一起涌到学生面前时,那些惯于接受老师或家长支配,一切习惯于服从安排,缺乏自主和自律意识的学生往往不知所措,难以适应或者需要比别人付出更多的时间和精力去应付和过渡,这个过程往往是痛苦的,甚至是有一定程度的危险存在。

第二,安全教育不系统,缺乏规划使学生不能接受全面安全管理。我国的中小学目前都极其重视对学生安全的保护,特别是在出现了几次冲击幼儿园的典型案件引起了全社会的密切关注后,学校纷纷主动承担了社会和家长希望他们能够赋予孩子尽可能的安保职能,使学生能够全力以赴的投身于学习文化知识中,实际结果忽视了学生安全知识和安全意识的培养,因为除了班主任的日常教育和偶尔的讲座和演习之外,系统和专业的安全教育并不到位。高校在安全教育方面更多的工作是从制度、监督和处罚等方面，但是限于学分、课程设置、教师队伍的建设等方面的原因，真正把安全教育作为一门常规课程来开展的也是相对少数，甚至是直接不开设该课程。

第三，高校安全教育没有纳入课堂使学生不能接受系统安全教育。由于高校课程设置和教师的实际编制情况，太多的高校并不能完全的将安全教育课程纳入日常的课程教育体系，更多的是与中小学的安全教育方式的结合以及适当升级，比如新生入学安全教育，比如辅导员开学后和假期前教育，比如很少的专家讲座。在没有系统的安全教育课程设置、没有专门的安全教育教师队伍建设、没有合适的安全类教材大面积发放面前去谈开展对学生进行系统的安全教育是不现实的。

第四，学生的自我安全意识淡薄，使其自身在面临安全问题时茫然无措。系统的安全教育的缺失，使学生普遍存在着在家父母管，在校老师管，在外警察管的消极自我安全保护意识，不能时刻提醒自己保持主动安全的心理状态，加上没有相对丰富的安全知识为保障，因此一旦面临诸如诈骗、盗窃、打架等可能出现的危险时，主动安全意识的淡薄，安全知识的匮乏和实践经验的缺失使其不能主动良好的应对安全问题，进而难以全面的保护自己。

第五，学生普遍缺乏面临危险时处理问题的实践能力。大部分高校的安全教育都是以班会、课程或是类似课程的培训和讲座等形式为主，学生能够直观的看到危险来临时能够带来哪些伤害，无论是人身的，还是财产的，相信这些教育方式可以足够引起学生对于自身安全的认识，但是由于教学手段、教学资料、教学场地等情况的限制，很多学生并不能够真正掌握足够的，甚至是基本的安全防护技能，比如人工呼吸、伤口包扎、气管异物取出等安全技能基本是以纸上谈兵为主，目前绝大部分学生可以亲历学习和掌握的安全技能，在高校可以执行的前提下，基本也就新生入学消防安全演习这一个科目可以给学生适当身临其境的感觉，可以初步培养其在面临火灾时安全逃生的技能，但是在实际操作过程中,这种安全教育一般都是针对高校新生,一次经历以后基本上再无学习和实践的经历。

三、提高大学生自身安全的措施

为了切实保障大学生的人身安全,保证其能够安全快乐的度过大学时光,同时在将来其踏入社会时也能够积累足够的安全知识和拥有主动安全的意识,高校应该着重加强在以下几个方面的建设:

第一,加强高校"四网一体"的校园安全系统建设。高校应积极寻求打造适合自身状况的安全管理系统。高校保卫处可以积极建设以时间网、空间网、信息网和职责网等为一体的校园安全管理监督体系,以校级主管领导为核心,以保卫处为校园安全工作建设的堡垒,结合高校各处室、各学院实际,参照校园安全管理制度,建立起一个立体、快速、高效和管理严格、监督到位、反馈迅速的校园安全管理网络,以调动高校最大的能量和资源来提升高校的安保水平,切实提高自身的安保效率。

第二,推进高校安全教育课程体系建设。"安全教育直接关系到大学生的人身安全,关系到高校的稳定。"① 高校应积极推进安全教育课程设置,与各学院领导、老师和学生交流,明确其所需安全知识内容,同时与安全教育课程建设的校外公司积极沟通和招标采购,努力打造内容丰富、资料详实、形式新颖的安全知识学习平台。

第三,培养和建立健全高校安全教育教师体系。"师者,所以传道授业解惑也。"没有健全和完善的教师队伍是无法完成教育目标的。基于高校教师队伍的现状和安全教育课程在高校开设的实际情况,建立以高校学生处、教务处和保卫处联合管理,保卫处负责具体操作,各学院

---

① 朱海波:《高校安全教育长效化实现路径探讨》,载《扬州大学学报(高教研究版)》,2015年第2期。

安排专职人员专门负责督促和监督学生进行网络学习是适合高校目前安全教育的最现实途径。同时在教师队伍的建设上，高校应该尽可能引进专门的安全教育教师人才，打造专业的教师团队，以优秀的教师队伍来确保安全教育学科建设和运行的畅通有效。

第四，深入开展安全技能培训工作。"纸上得来终觉浅，绝知此事要躬行。"高校应该除了在积极开设安全教育课程、组织安全知识专题讲座，培养学生高度的安全意识方面下功夫之外，也要主动联系各方面安全知识的专家，特别是有第一线安全工作经验的专家来给学生现场教学，现身说法。这方面的专家群一般主要是从高校属地的各机关事业单位来选取组建并保持长期互动教学。这些安全专家的单位主要包括：公安局、消防局、交通局、卫计委、地震局、医院等。这些单位的专家无论在政策解读、案例分析、法律应用等方面都是各自领域的权威，可以全面引起学生对安全知识学习的兴趣和积极性。

"高校安全教育事关高校的和谐与稳定，事关和谐社会建设，事关大学生的健康成长。"[①] 为了给学生创造一个安定的学习和生活环境，为了培养学生的主动安全意识，提高学生的自我保护能力，也为了深入打造平安校园和更好的给国家培养优秀的人才，高校应当继续加大对安全教育的建设和投入，建设系统有效的安全管理制度和教育体系，开设大学生安全教育课程，争取覆盖所有的在校大学生并使之常态化，从而为确保学生安全、打造平安校园创造良好的条件。

（作者简介：高东明，男，潍坊学院马克思主义学院讲师）

---

① 王兆先：《新时期高校安全教育存在的问题及对策研究》，载《华北科技学院学报》，2017年第4期。

基于时代性要求增强思政教育"获得感"的研究

党的十八大以来,"让人民群众拥有更多的获得感"成为党和国家改革发展的出发点、落脚点和检验改革成效的试金石。习近平总书记在全国高校思想政治工作会议上强调:思想政治教学要"不断提高学生的思想水平、政治觉悟、道德品质、文化素养,让学生成为德才兼备、全面发展的人才"。因此,思政教育在教学方面要以提升学生的获得感作为教学的目标。改革开放40年来,思政教学要在内容上加大改革开放以来我国取得的巨大发展成就、发展美好前景的展望、发展问题的客观辩证分析,以及中国共产党的正确领导等方面的内容的融入,进一步提升思政课堂的吸引力、感染力与实效性,从而达到提高学生自豪感、自信心和获得感的目标。

一、思政教育"获得感"的基本内涵

2015年2月27日,习近平总书记在中央全面深化改革领导小组第十次会议上的讲话中,首次提出"获得感"一词,他强调:"要科学统筹各项改革任务,推出一批能叫得响、立得住、群众认可的硬招实招,把改革方案的含金量充分展示出来,让人民群众有更多'获得感'。"此后,"获得感"的提法逐渐被媒体和广大人民群众接受,在舆论届逐渐流行起来，使用范围也呈现固化趋势。"获得感"的基本意思，多指人民群众共享改革成果的幸福感，用以表示人们在获取某种利益后所产生的满足感，不仅包括物质层面的，还包括精神层面的。

就大学生的思政教育"获得感"而言，主要侧重于精神层面。因此，学者也多从这一层面对思政教育"获得感"的含义进行深入探讨和概括。

有学者从词语本意出发，探讨"获得感"的基本含义。如戴彪在《高职院校思想政治理论课学生获得感的提升》一文中指出："获"是指知识和价值层面的客观收获，"感"则是思政课受众群体层面的主观感受，以便让受众群体在教育过程中真切地感受到自身的收获。在高校思政理论课中，获得性指标主要是指课程内在需要传播的世界观、人生观、价值观等精神层面的内容，"感"则是学生发自内心的接受相关内容并内化为自身言行准则的程度。也有学者从思政教育的目标角度探讨思政教育"获得感"的含义。如胡雅静的《对增强大学生思想政治教育获得感的思考》指出："大学生思想政治教育获得感，就是大学生在思想政治教育全过程全方位全领域中表现出来的坚定的理想信念，服务社会的高超本领，勇做时代弄潮儿的责任担当，是对中国特色社会主义道路、理论、制度、文化的笃信笃行，是对中国共产党领导的忠诚和拥护，是对实现中华民族伟大复兴中国梦的不懈奋斗。"如季鹏飞在《高校思想政治教育学生获得感提升研究》中指出："高校思想政治课教育学生获得感，即高校学生在实际思政教育整个环节中系统、全面反映出的崇高思想理念，为社会提供服务的能力，是对我党的信任以及拥戴，是对现阶段我国特色发展路径、文化以及规章制度的信任以及贯彻落实，是为达到中国梦这一远大目标的不懈努力。"当然，还有学者指出，思政教育不仅是精神层面的，还包括物质层面的。如李强、于璇、叶欢的《从获得感角度来看高职思想政治理论课实效性》指出："对于高校思想政治理论课这款'精神思想'产品，首先需要满足的是学生看待问题的立场角度、思考问题的逻辑技巧、解决问题的方式方法；其次是带给学生高维度精神满足和愉悦，让学生产生思想情感层面的共鸣、价值层面的认同。思想政治理论课的学生获得感就是通过思想政治理论课程产品，使学生在物质和精神层面被满足后而产生的一种'得到'的欣喜情绪体验。"

综合学界的相关研究成果，笔者比较同意汪康对"幸福感"的释义，他在《大学生思想政治教育获得感探析》中明确指出，思政教育获得感包含"明辨大是大非善恶美丑的价值感，巩固科学理想信念的认同感，坚定道路、理论、制度、文化的归属感，投身中华民族伟大复兴事业的使命感等四重意涵"。这一概括既把握了思政教育的教学目标，又对"获得感"进行了明确分层，让我们更容易理解和把握。

二、改革开放教学内容的融入有助于增强大学生思政教育获得感

改革开放40年来，我国在经济发展、社会治理、国家安全、文化进步等方方面面取得了举世公认的发展成就，将这些成就贯穿于思政教学中，能极大提升学生的获得感和满意度。

（一）有助于增强大学生对马克思主义指导地位的认识

大学生处于进入成年的关键时期，在学习生活过程中，可能出现各种各样的思想问题，思政教育的目标就是把脉学生的思想需求，把解决思想问题与实际问题结合起来，从思想层面真正帮助学生解决思想上遇到的困惑和问题。

马克思主义是已经被时间和实践证明的，是指导中国革命和建设取得成功的正确指导思想。中国近百年来之所以能从积贫积弱的半殖民地半封建国家摆脱出来，逐步实现了独立和富强，关键是以马克思主义理

论为指导,并不断用实践推动马克思主义中国化一次又一次实现历史飞跃。马克思主义中国化把马克思主义基本原理同中国具体实际相结合,找到了正确的立场、观点、方法,就会结出实践的硕果。中国在上个世纪 70 年代末开启的改革开放"这场中国的第二次革命",就是马克思主义中国化结出的实践硕果。思想政治理论课的教学目的和教学内容,全面反映了以马克思主义为指导地位的社会主义意识形态的基本要求。我们的思政教学,就是要让大学生的个人理想追求不偏离共产主义远大理想,个人志向不偏移政治导向,在大是大非面前能够保持坚定的政治立场和政治信仰。

伟大的改革开放事业是对马克思主义的再次继承和创新,它解决了"什么是社会主义、怎么发展社会主义"的问题,是马克思主义的又一次飞跃。特别是党的十八大以来,面对经济社会发展新常态和复杂的国际国内形势,习近平总书记带领不断创新的中国共产党人,运用历史唯物主义和辩证唯物主义,在继承马列主义、毛泽东思想、邓小平理论、科学发展观的基础上,将中国特色社会主义理论不断创新,科学回答了当代一系列的重大理论和实践问题,带领全国人民建成全面小康社会,不断为中华民族伟大复兴的中国梦努力奋斗。

将改革开放融入到思政教育中,有助于大学生自觉学习贯彻落实习近平新时代中国特色社会主义思想,在思想上运用马克思主义的立场、观点、方法,认识世界、认识自我,化解一些不正确的思想认知,提高大学生的思想水平。

(二)有助于增强大学生对党的领导地位的认识

思政教育具有明显的政治属性,思想政治理论课要突出党的领导的意识形态教育。习近平总书记指出:"要认真学习党史、国史,知史爱党,知史爱国。要了解我们党和国家事业的来龙去脉,汲取我们党和国家的历史经验,正确了解党和国家历史上的重大事件和重要人物。"大学生作为中国特色社会主义事业的接班人和建设者，首要做到的就是政治合格，时刻保持清醒的政治头脑，做政治上的明白人。

"只要回顾一下40年来走过的历程，就不难得出一个结论：中国共产党的领导是改革开放取得成功的根本保证。"历史是过去的现实，现实是未来的历史。实践证明，中国共产党是带领中国人民实现民族复兴的坚强领导者；中国共产党领导地位的形成，是人民的选择，是历史的选择。改革开放40年来，我们党坚持以人民为中心的发展理念，以实现最广大人民群众的根本利益为目标，着力解决各类民生问题，人民收入水平和生活水平不断提高。特别是深入实施精准扶贫工程，着力解决困难群众的根本问题，真正实现全面小康目标。

实践和历史已经证明，党的领导是中华民族独立富强和改革开放事业取得成功的根本保障，也只有中国共产党，才能领导人民过上更加幸福美满的生活。把改革开放发展成就融入大学生思政教育中，能够让学生明确党的宗旨是为人民服务，党的领导是人民美好生活的最根本保障。

思政教育通过引导大学生对中国近现代史上失败与成功的经验教训的对比，找到不断前进的正确方向。通过引导大学生对改革开放历程的深入学习和总结，就能更加深刻地认识到党作出改革开放的必然性，正确把握改革开放的规律性，更加坚定地肩负起深化改革开放的重大责任。

（三）有助于大学生更好地坚定"四个自信"

"青年一代有理想、有本领、有担当，国家就有前途，民族就有希望。"大学生必须在思想上树立对国家、民族发展前途的坚定自信，正确认识发展中出现的问题和困难。思政教育的另一个重要功能，就是对大学生加强自信教育，起到振奋人心、加油鼓劲的作用，让大学生更好地认识国家和民族的发展前途和方向，更加明确自身的历史使命。

改革开放 40 年的努力奋斗，我国人民的生活水平得到了显著提高，住房、教育、医疗卫生、社会保障、安全环境等各方面都有了明显改善，人民群众的获得感、幸福感、安全感得到实实在在的全面提升。加强改革开放发展成就教育，让大学生通过近年来东西方发展模式的对比，理解中国特色社会主义理论、制度、道路、文化等方面的独特优势，从思想深处认识到改革开放取得举世瞩目伟大成就的深层次原因，从而进一步增强我国社会主义发展的理论自信、制度自信、道路自信和文化自信。

改革开放 40 年来之所以取得如此巨大的成就，关键就是我们坚持四项基本原则，让社会主义的优越性进一步显现。在庆祝中国共产党成立 95 周年大会上的讲话中，习近平总书记指出："中国特色社会主义制度是当代中国发展进步的根本制度保障，是具有鲜明中国特色、明显制度优势、强大自我完善能力的先进制度。"通过加强改革开放内容的教学，能让大学生充分认识社会主义的优越性和光明前途，坚定"四个自信"，对中国特色社会主义充满自信。

三、把改革发展成就自觉融入思政教学

改革是当今中国不变的主题，发展是我们党执政兴国的第一要务。思政教学中应进一步加大改革开放内容的课堂设计、讲解，进一步提升大学生在思政课堂上的获得感。

（一）加大对发展成就内容的教学

改革开放以来，我国经济和社会发展取得了巨大进步。特别是党的十八大以来，党中央不断发展马克思主义，根据不断变换的国际国内形势，顺应人民的期望和要求，科学制定了"五位一体"总体布局，出台了一系列重大方针政策，取得了举世瞩目的重大成就，中国的社会主义现代化建设也推进到了新的发展阶段。把发展成就融入课堂教学，可以

让学生清晰地看到祖国日新月异的发展变化，清楚地感受到生活越来越美好，增强生活、学习的获得感。

（二）加大对发展前景内容的教学

随着改革和发展的不断深入，特别是在十九大精神和习近平新时代中国特色社会主义思想的指导下，党带领全国人民，从经济、政治、文化、社会、生态文明等方面科学规划，统筹推进"五位一体"总体布局，克服了一系列困难和挑战，我国经济保持了持续中高速增长，经济总量和发展质量不断向好，人民生活水平和社会的全面进步不断提升。通过把发展光明前景融入思政教学，可以让学生明确国家未来的发展方向和发展目标，增强对未来发展前景的理论自信、制度自信、道路自信、文化自信，并明确自身所肩负的责任。

（三）加大我国影响力的内容教学

"中国近现代史纲要"、"毛泽东思想和中国特色社会主义理论体系概论"等思政课程的内容，包含了鸦片战争以后，中国是如何从一个独立自主的封建国家，逐渐沦为帝国主义的附庸，再到通过不断的探索与抗争，建立了新的国家，国际影响力不断增强的过程。特别是改革开放后，中国对全球经济增长的贡献率基本占据世界第一，经济实力不断提升，成为世界第二大经济体。十八大以来，在全球经济发展疲软的情况下，我国仍保持了较快增长，对世界经济的影响力不断提高。特别是美国次贷危机之后，我国提出了"一带一路"倡议，目前全球已经有100多个国家和国际组织支持和参与，成为当前国际经济发展机制的重要补充。

中国经济转型升级为世界经济发展提供了新的经验，为处于低谷中的世界经济提供了中国模式和中国方案，中国的国际地位和国际影响力也不断攀升。把我国国际影响力的全面提升融入思政教学，能让当代大学生准确把握世界大势和"四个自信",不断增强民族自豪感、自信心和获得感。

(四) 加大党的领导内容的教学

"只有中国共产党才能救中国,只有中国共产党才能发展中国。"中国共产党仅用了 28 年的时间,就将一个半殖民地半封建的旧国家,变成了独立自主的新中国;中华人民共和国成立后,迅速完成了社会主义改造,确立了社会主义制度,人民真正成为了国家的主人。1978 年以来,党又做出了改革开放的伟大决策,几十年来,取得了一系列举世瞩目的发展成就,逐步实现了中国人从站起来到富起来的伟大转折。这一切发展成就的取得,都离不开中国共产党的领导。

中国共产党始终坚持为人民服务的宗旨,不断增进人民福祉,把实现好、维护好、发展好最广大人民根本利益作为发展的根本目的。始终坚持共同富裕的理念,深入实施"精准扶贫"战略,坚持发展成果由人民共享,发展成果要真正惠及全体人民。

加强党的宗旨和党为人民谋利益方面的内容教学,能够激发学生热爱党、支持党、拥护党的重要性认识,自觉与党中央保持一致,做到"两个维护",坚决维护习近平总书记在党中央的核心、全党的核心地位,坚决维护党中央权威和集中统一的领导,为实现伟大的中国梦而努力奋斗。

(五) 加大对解决问题内容的教学

每个时代都面临不同的问题,每一代大学生也会出现不同的思想和现实问题。解决这些问题和矛盾需要新的思想指导和方法指引。中国特色社会主义已进入新时代,也会出现一些新的问题和矛盾,习近平新时代中国特色社会主义思想是我们解决这些问题和矛盾的指导思想和根本遵循。

以往在改革开放过程中，面对出现的诸多矛盾和问题，我们已经积累了许多成功的解决方法。将这些成功的经验和做法融入思政教学中，能够帮助学生在真正理解和领会习近平新时代中国特色社会主义思想的科学内涵和精神实质的基础上，自觉运用马克思主义科学的世界观和方法论分析问题和解决问题，能够自觉运用马克思主义中国化的最新理论成果武装自己的头脑，并回答和解决社会主义现代化建设和自身学习生活中出现的新问题。

总之，思政教育承担着培养社会主义合格接班人的重任，基于时代性要求从教学方面进一步提升学生的获得感，有助于提高思政教育成效。在实际教学中，教师应该注重围绕改革和发展的主题，自觉将改革开放内容融入到思政教学中，从政治观念、价值认同、情感共鸣、能力提高等方面，提高学生的获得感。

(作者简介：温洪玉，女，潍坊学院马克思主义学院讲师)

新时期高校校园警情调查研究及对策分析

校园安全工作是高校日常工作的一个重要组成部分,它关系到学生能否安全、健康地成长,关系到学校的正常运转,关系到无数个家庭的幸福,也深刻影响着社会的稳定。高校学生,思想活跃,激情飞扬,善于学习,乐于尝试,勇于创新。但是他们也存在着行为冲动、敏感脆弱、单纯易受骗等缺点,既对自身的安全埋下隐患,也为学校的管理和稳定提出了考验。高校的稳定不仅关系到高校自身的建设和发展,而且还关系到国家的政治稳定和社会的长治久安。维护高校安全稳定,对实现高等教育改革与发展的各项目标,维护全社会的稳定,都具有十分重要的意义。因此"新时期增强高校安全教育实效性十分紧迫和必要"[①]。随着我国高等教育的快速发展和高校体制改革的推进,学校办学规模不断扩大化,学校校区面积逐步增加,后勤管理日趋社会化,学校与社会之间的联系日益紧密。伴随着学校的开放程度不断加大,影响校园安全稳定的不确定因素明显增多,一些与学生相关的治安、刑事等案件也时有发生。"要保证高校的稳定与安全,安全教育无疑是一个必不可少的手段。从学生素质提高和社会发展需求的角度而言,在高校进行安全教

---

① 安春元:《新时期增强高校安全教育实效性的几个关键点》,载《学校党建与思想教育》,2016年第2期。

育也是必要的，甚至是迫切的。"① 目前很多大学生的自我安全防范意识相对淡薄，自我防卫知识比较缺乏，还无法自如应对纷繁复杂的周围环境，这就对大学生的安全教育和管理提出了更高的要求。

维护校园安全稳定，构建和谐校园是国家和人民对高校建设的基本要求，也是高校在自身建设中应当加强和重视解决的问题。为进一步提高的校园治安水平，为更好的给循循善诱和求知若渴的师生保驾护航，笔者对近四年某高校校园安全方面出现的问题进行有针对性的分析和总结。

一、校园安全问题统计情况

随着教育的改革和发展，学校的建设和招生规模的扩大，很多高校普遍存在着学校占地面积大、学生数量多、生源地广泛等现象，因此在校园安全方面出现的问题也表现为时间长，全年都有；地域广，高校及周边几乎都有涉及；牵扯人群复杂，包括学生、教师和社会闲杂人员。为了能更好的对学校警情进行研究和分析，便于学校管理和整顿，笔者对警情按照以下情况进行分类统计：

1. 校园安全问题的月份统计情况

接警统计以月份为单位进行基本汇总，然后以年为单位来总计。2015年全年该校校园接警总计459起。2016年全年该校校园接警总计491起。2017年全年该校校园接警总计455起。2018年全年学校校园接警总计358起。

2. 校园安全问题的位置统计情况

接警统计根据位置的不同，主要按照教学楼、公寓、图书馆、餐厅、创业超市、学校北门、出租车、东篮球场、操场、体育馆、行政

---

① 杨得志：《高校安全教育的问题及改进策略研究》，东北师范大学硕士学位论文，2008年。

楼、商业街、人工湖、社团广场、无位置、学校南门和其他等 17 种不同的位置情况进行精确统计。

3. 校园安全问题的事由统计情况

根据丢自行车、丢手机、丢钱包、丢物品、丢被服、丢电脑、变态、纠纷及其他等共 9 种事由方式进行统计汇总。

二、校园安全分析

从 2015—2018 年警情的总体统计状况来看，主要表现为：第一，从时间上看，该校四年当中每个月都有警情统计，共计 48 个月，平均每个月 36.7 起，但是分布并不均衡，呈现波浪式起伏；第二，从位置来看，以学校个别地点警情最为突出，主要是公寓、餐厅和教学楼，其他地点涉及全校及学校周边但总体不多；第三，从事由来看，情况复杂多样，以财物和纠纷居多。因此，为了能够更好地保障学校的安全，有必要对统计的警情进行更详细的分析，发现问题，找出规律，为进一步的工作提供参考。

1. 校园安全问题的月份统计情况分析

（1）2015 年全年接警总数 459 起，平均每月 38.25 起。上半年接警 122 起，占总数的 26.6%；下半年接警 337 起，约占总数的 73.4%，下半年占大多数。

按照假期和在校期分类，寒暑假的 1 月、2 月和 8 月接警次数呈现标志性最低，分别只有 12 次、3 次和 24 次，平均每月 13 起。开学期间总体上升，其中上半年的 3 月至 7 月，共接警 148 起，平均每月 29.6 起；下半年的 9 月至 12 月，共接警 272 起，平均每月 68 起，呈现出爆发式的增长。

（2）2016 年全年共接警 491 起，平均每月 40.92 起。上半年接警 234 起，占总数的 47.7%；下半年接警 257 起，占总数的 52.3%。上、下半年基本各占一半,下半年占比稍高。

按照假期和在校期分类,寒暑假的1月、2月和8月接警次数呈现标志性最低,分别只有20起、17起和16起,平均每月17.67起。开学期间总体上升,其中上半年3月至7月,共接警253起,平均每月50.6起;下半年9月至12月,共接警185起,平均每月46.25起,总体持平,下半年略有下降。

(3) 2017年全年接警总数455起,平均每月37.9起。上半年接警230起,占总数的50.5%;下半年接警225起,约占总数的49.5%,上半年和下半年基本持平。

按照假期和在校期分类,寒暑假的1月、2月和8月接警次数呈现标志性最低,分别只有28起、11起和24起,平均每月21起。开学期间总体上升,其中上半年3月至7月,共接警225起,平均每月45起;下半年9月至12月,共接警167起,平均每月27.5起,上半年要高于下半年。

(4) 2018年全年接警总数358起,平均每月29.8起。上半年接警167起,占总数的46.6%;下半年接警191起,约占总数的53.4%,下半年占比要略多于上半年。

按照假期和在校期分类,寒暑假的1月、2月和8月接警次数呈现标志性最低,分别只有26起、12起和9起,平均每月15.7起。开学期间总体上升,其中上半年3月至7月,共接警160起,平均每月32起;下半年9月至12月,共接警151起,平均每月37.8起,下半年要略高于上半年。

总之,从年接警总数来看,2018年比前三年平均每年的警情数减少110起。按照假期和在校期来看,假期警情数量普遍较低,在校期的接警数量要远高于假期,使警情的形式表现为规律性的波浪形式出现。以上情况说明学校的治安状况总体稳定,但是治安案件仍时有发生,其中尤以学生在校期间为案件的高发期。基于以上事实,为进一步提升学校的安保质量，将安全管理工作落实到实处，降低校园警情的发生，近两年开始积极打造平安校园，创造性提出建设"四网一体"（时间网、空间网、信息网和职责网的一体化建设）的校园安全网格化管理模式。从实际效果来看，2018年学校的校园警情之所以和往年相比减少了110起，就是说明学校新型的安全管理模式建设取得了显著的成效。

2. 校园安全问题的位置统计情况分析

按照接警位置地点的不同，共分为教学楼、公寓、图书馆、餐厅、创业超市、学校北门、出租车、东篮球场、操场、体育馆、行政楼、商业街、人工湖、社团广场、无位置、学校南门和其他等17种情况，基本涵盖了学校内部及学校周边等相关区域。

（1）2015年的警情统计中，教学楼70起、公寓169起、图书馆47起、餐厅55起，共计341起，占全年警情统计459起的74.3%，居绝对多数。其中教学楼、公寓、图书馆和餐厅分别占全年警情统计的15.3%、36.8%、10.2%和12%。

（2）2016年的警情统计中，教学楼87起、公寓199起、图书馆43起、餐厅44起，共计373起，占全年警情统计491起的76%，居绝对多数。其中教学楼、公寓、图书馆和餐厅分别占全年警情统计的17.8%、40.5%、8.8%和9%。

（3）2017年的警情统计中，教学楼97起、公寓132起、图书馆32起、餐厅45起，共计306起，占本年警情统计455起的67.3%，居绝对多数。其中教学楼、公寓、图书馆和餐厅分别占全年警情统计的21.3%、29%、7%和9.9%。

（4）2018年的警情统计中，教学楼83起、公寓113起、图书馆25起、餐厅20起，共计241起，占全年警情统计358起的67%，居绝对多数。其中教学楼、公寓、图书馆和餐厅分别占全年警情统计的23.2%、31.6%、7%和5.6%。

综合以上情况表明，警情位置特征比较明显，在四年的统计当中，发生在教学楼、公寓、图书馆和餐厅的警情约占每年警情总数的71.2%，绝对是校园警情的高发区，其他剩余的14个位置平均只占每年总警情数的28.8%左右。因此，从位置上看，尽管警情几乎覆盖了学校全部及周边区域，但是警情数量较多的区域非常明确，主要是集中在教学楼、公寓、图书馆和餐厅这四个区域，其他区域警情则比较零星，甚至个别区域出现零警情的良好状况。

3. 校园安全问题的事由统计情况分析

根据事由的不同，按照丢自行车、丢手机、丢钱包、丢物品、丢被服、丢电脑、变态、纠纷及其他等共9种事由方式进行统计，其中丢自行车、丢手机、丢钱包、丢物品和纠纷这5种事由占比突出。

（1）2015年学校丢自行车165起，丢手机53起，丢钱包62起，丢物品61起，纠纷54起，分别占警情总数的35.9%、11.5%、13.5%、13.3%和11.8%，以上5项事由警情共计395起，占警情总数459起的86.1%。

（2）2016年学校丢自行车128起，丢手机79起，丢钱包57起，丢物品86起，纠纷55起，分别占警情总数的26.1%、16.1%、11.6%、17.5%和11.2%，以上5项事由警情共405起，占警情总数491起的82.5%。

（3）2017年丢自行车70起、丢手机58起、丢钱包48起、丢物品73起，纠纷87起，分别占警情总数的15.4%、12.7%、10.5%、16%、19.1%，以上5项事由警情共336起，占警情总数455起的73.8%。

（4）2018年学校丢自行车71起，丢手机57起，丢钱包48起，丢物品92起，纠纷42起，分别占警情总数的19.8%、15.9%、13.4%、25.7%和11.7%，以上5项事由警情共310起，占警情总数358起的86.6%。

根据以上的统计可以看出，警情事由当中以丢自行车、丢手机、丢钱包、丢物品和纠纷等牵扯到财物和纠纷为案情产生的主要原因。这五项事由导致的警情在四年的统计当中平均占每年警情总数的82.3%。这种情况说明，加强自身财物的安全保管和学会促进人际关系和谐，有利于学生的正常学习，有利于学校的安全。如果这五类主要问题能够得到缓解，对于减少学校警情将带来极大帮助，这也从一个侧面说明加强对学生的安全教育，提升其主动的安全意识于己于校都是大有裨益的事情。

4. 2015年至2018年警情处理情况分析

学校警情的处理情况统计主要按照已处理、已找回、报110、其他、无处理结果等5种方式来进行统计和分析。

（1）2015年警情处理情况统计，已处理8起、已找回28起、报110处7起、其他6起，总计49起有处理结果，占接警总数的10.7%，无处理结果410起，占接警总数的89.3%。

（2）2016年警情处理情况统计，已处理19起、已找回97起、报110处2起、其他7起，总计125起有处理结果，占接警总数的25.5%，无处理结果366起，占接警总数的74.5%。

（3）2017年警情处理情况统计，已处理105起、找回59起、报110处57起、其他35起，总计256起有处理结果，占接警总数的56.3%；无处理结果199起，占接警总数的43.7%。

（4）2018年警情处理情况统计，已处理62起、已找回25起、报110处21起、其他18起，总计126起有处理结果，占接警总数的35.2%；无处理结果232起，占接警总数的64.8%。

根据以上统计可以说明，在近四年警情数量总体保持不变的情况下，学校保卫部门的警情处理能力在飞速提高，处理警情比例的增速前三年每年都保持了比去年翻一番的良好状况，学校2018年校园警情相比往年剧减了四分之一，这都可以证明学校安保部门在校园安全管理工作方面扎实工作，稳步推进，成绩优良。当然我们也应该看到学校未处理的警情仍然不在少数，因此需要在继续保持目前优良工作状态的情况下,在下一步的工作中加以重视和解决,力争取得更好的成绩。

三、校园安全保障途径分析

校园警情存在时间跨度长、地点范围广、案件种类多等特点。因此,为了更好地保障校园安全,给广大师生创造一个宁静祥和的工作和学习环境,建议应重点从以下三个方面着手,开展安全保卫工作。

1. 重视学生安全教育

(1) 重视学生安全意识教育

"伴随着改革开放事业不断向纵深方向推进,加强大学生意识形态安全教育,在多元文化共同影响社会意识的今天具有尤为深刻的意义。"① 当今社会发展日新月异,新鲜事物层出不穷,同时一些不好的事情,比如攀比、网瘾、盗窃、打架等,也在暗自滋养。作为大学生,性格、年龄、文化程度、生活阅历等都有一定的差异,特别是在其进入大学之前,中小学实行的都是近乎封闭式的管理,学生、老师和家长更多的是把注意力放在了提高成绩这个层面上,其他的诸如安全意识等常识,都为之让道,结果就是到了大学阶段,很多学生在面临这一崭新的学习和生活环境时,原来的方式已经变得不适应了,诸如财物的保管、交友的选择、自我的控制等,都进入了一个相对的真空期。这种安全意识的空缺或单薄,使一些学生的学习和生活陷入了麻烦和困境中。因此,高校应重视对学生安全意识的培养。

培养大学生的安全意识,应该做到:第一,重视大学生的安全知识教育。通过安全知识的学习,学生能自觉遵守学校的安全规章,预防非法侵害,维护自身财产安全,增强防火意识,遵守交通法规,正确使用网络,保持心理健康,自觉遵纪守法,预防违法犯罪,构建和谐校园,

---

① 刘林:《当代大学生意识形态安全教育研究》,辽宁师范大学硕士学位论文,2016年。

用安全的知识保护自身行为的安全。领导应高度重视，出台相关文件，特别明确指出要尽快使大学生的安全教育进课堂。第二，建立健全大学生自己的安全机构。通过建立健全大学生自己的安全管理机构，比如安全协会、纪检部、宣传部等机构，可以有效的助力学校安全管理，锻炼学生参与安全管理的能力，培养学生自主安全意识。第三，重视大学生的安全监督。大学生在校期间除学习外，还有比较大的自由度，诸如在课余时间进行自修、打工、兼职、网购、旅游等。学校的管理是不可能面面俱到的。因此，为了保障学生的安全，可在宿舍或班级成立安全小集体，互相监督，互相提醒，把不安全的因素尽可能扼杀在萌芽状态，即使有不安全问题出现，也可以及时向辅导员或保卫处等相关人员或部门汇报，以尽快获得帮助。

（2）重视学生思想政治教育

大学生热情奔放而感性，易受时代各种因素的感染。"高校肩负着培养中国特色社会主义事业建设者和接班人的重要任务，也成为了意识形态斗争的前沿，各种社会思潮和思想观念在此交融交锋，青年学生对马克思主义的信仰、对党和政府的认同在这些文化冲突、价值观碰撞中面临挑战。"① 十九大的胜利召开标志着我国已经进入中国特色社会主义新时代，我国社会主要矛盾已经转化为人民日益增长的美好生活需要和不平衡不充分的发展之间的矛盾。我国现处在全面建成小康社会的决胜阶段，中国特色社会主义进入新时代的关键时期，要特别注意对大学生的教育引导，使其成为国家发展的新鲜血液。2004 年 10 月 14 日，中共中央、国务院就曾发出《关于进一步加强和改进大学生思想政治教育的意见》，强调大学生是十分宝贵的人才资源，是民族的希望，是祖国的未来。加强和改进大学生思想政治教育，提高他们的思想政治素质，把

---

① 郭慰慰：《高校强化意识形态安全教育思考——以思想政治理论课为视域》，载《湖南省社会主义学院学报》，2018 年第 12 期。

他们培养成中国特色社会主义事业的建设者和接班人,对于全面实施科教兴国和人才强国战略,确保我国在激烈的国际竞争中始终立于不败之地,确保实现全面建设小康社会、加快推进社会主义现代化的宏伟目标,确保中国特色社会主义事业兴旺发达、后继有人,具有重大而深远的战略意义。

大学生正处在人生的转折期,其思想意识和考虑问题的能力尚不成熟,感性而易冲动。现在大部分学生接受信息的来源除学校外,更多的是通过网络。众所周知,网络信息鱼龙混杂,很多大学生迷失在明星、电影、游戏、购物等吸引眼球的东西上,丧失了自己的主流意识和本不成熟的判断能力。目前大部分学校的安保部门,在处理相关学生警情时,通常都是按照校规和法纪来进行,并不负责学生的思想道德教育。因此,面对警情处理结果,相关学生在其内心并不能完全理解和接受,实际效果往往是治标不治本,甚至适得其反。因此学校有必要加强在校学生的思想政治教育,充分利用课堂教学、媒体宣传、案例展示、社会实践等途径,将马克思列宁主义、毛泽东思想、邓小平理论、"三个代表"重要思想、科学发展观和习近平新时代中国特色社会主义思想渗透到学生的自我意识当中,营养学生、武装学生,培养学生形成正确的世界观、人生观和价值观,能够科学和理性地判断其所面临的问题和事情,避免违法乱纪等抱憾终身的事情和行为发生。

(3) 重视学生法制教育

据相关研究,改革开放以来,大学生违法犯罪现象明显增多,占社会刑事犯罪的比例持续上升。1965年,青少年犯罪在整个社会刑事犯罪中约占33%,其中大学生犯罪约占1%。近几年,青少年犯罪占到了社会刑事犯罪的70%至80%,其中大学生犯罪约为17%,而且犯罪类型向智能化、多样化发展,"象牙塔"已不再平静。大学生的法律素养、法律意识堪忧。近四年来,每月平均警情35.5起,也说明了加强大学生法制教育的必要性和紧迫性。党的十八届四中全会提出"深入开展法治宣传教育，把法治教育纳入国民教育体系"的发展目标。因此必须高度重视大学生的法治教育。加强大学生法制教育的途径有：第一，要发挥课堂教学优势，特别是思政课老师在讲授"思想道德修养与法律基础"等课程时，应该格外加强法制理论的教育和宣传；第二，学校应该大力加强法制宣传，在全面推进依法治国的大背景下，向学生宣传我国的法制建设情况，普及法律知识；第三，组织学生收看法制节目，合理利用教室的多媒体平台，在课余组织学生观看典型法制案例，警醒学生，培养和提高学生的法律意识，充分认识到遵纪守法的重要性和违法乱纪的可怕后果。

(4) 重视学生心理健康教育

现阶段，很多大学生因为各种原因，比如单亲家庭、个人性格、社会环境等，导致其或多或少都存在一些心理问题，大学生现已成为心理弱势群体。据统计，心理不健康或亚健康状态的大学生约占大学生总数的一半，主要表现有自闭、抑郁、焦虑、偏执、强迫等状况。《中国青年报》的一份调查结果显示，14%的大学生出现抑郁症状，17%的人出现焦虑症状，12%的人存在敌对情绪。大学生心理问题表现出阶段性的特征：大一阶段表现为对新生活的适应问题，包括学习、专业、交往等；大二阶段开始出现学习与事业、情感与恋爱等问题；大三阶段集中在自我发展与能力培养等方面；大四阶段则以择业问题为多数。实际上，大部分学生可以成功跨越心理障碍，迈向心理成熟，但也有另一部分学生的心理走向了不健康的一面。心理的不健康会直接导致不合理的行为，诸如易怒、纠纷、变态、盗窃等。因此，为了保障学生的健康成长，学校应该加强学生心理的教育和引导。第一，开设大学生心理健康教育课程和心理健康专题讲座；第二，建立心理健康服务机构，为大学生进行有效的心理咨询与心理治疗；第三，组织开展课外实践活动，强健体魄，开阔视野，锻炼精神；第四，合理使用校园传媒，诸如校园广播、校报、展板等，营造良好的学习和生活氛围，推进大学生健康心理的成长。

2. 增强高校安全保卫建设

（1）增强高校安保部门建设

时代在发展，我国的教育也在改革，与教育相关的很多部门也处在调整的过程当中。作为高校安全运行的保障机构，安保部门逐渐暴露出不少问题，主要有：机构设置不健全，规章制度不完善，人员素质参差不齐，安保设备陈旧落后，处突应急能力不足等。为了能够更好的完成学校的安保任务，保障学校安宁、学生安全，使家长放心、社会满意，为此，学校在以下几个方面应该有所加强，以应对时代变化带来的安保难题。第一，安保机构建设的合理。在机构精干、运转高效的原则下，参照学校规模和性质，根据因事设岗的要求，确定相关职能机构，各负其责，互相帮助。第二，安保规章制度的完善。安全保卫工作制度包括：门卫、值班、巡逻、守护、登记、检查、管理等制度。这些制度保障了学校的正常运行，因此必须确保其尽可能完善。第三，安保人员的思想政治素质教育。保卫人员必须学习和拥护党的路线方针政策，爱党敬业，只有政治坚定，思想品质高尚，才能尊重、支持、配合同事的工作，才能互相协调，团结协作。第四，应急预案的设置和演练。我国在2007年颁布了《中华人民共和国突发事件应对法》。高校应该根据法律规定，针对可能出现的突发事件制定详细可行的应急预案，并适当演练，做到处变不惊，机动灵活。

（2）增强教师、辅导员的教育主阵地建设

高校教师担负着对大学生传道授业解惑的任务，一位教学能力突出、品德高尚的老师足以成为学生的榜样，对学生的学习、生活等方面产生足够积极的影响。高校辅导员是日常学生生活中与其关系最密切和对其接触最频繁的人，一位热情、微笑和通情达理的辅导员足以给在外求学的学生以家人般的温暖感觉。作为工作在高校第一线的教师和辅导员，有着给学生带来积极影响和合理处理问题的先决条件。因此，增强教师和辅导员的教育阵地建设，有利于学校减少引发不良事件的因素。第一，加强教师和辅导员自身校园安全知识的学习和培养，提高其综合素质，有利于在教学和工作中渗透给学生。第二，教师和辅导员要加强对学生的思想道德素质教育，利用国家政策、党的理论、学校规章、典型案例、标志人物以及日常生活经验等方式和手段，旁敲侧击，循循善诱。第三，教师和辅导员要能够善于发现存在于个别学生或群体当中的不良迹象，通过说服引导，教育学生分清是非对错，并可以和安保部门及时通报，做到双管齐下，防患于未然。

（3）增强高校安全设施的硬件建设

高校就是一个小型社会，自身情况错综复杂，一般存在学校面积大、学科种类多、学生数量足、人员流动快等特点，围绕学生的衣、食、住、行、学等方方面面，给学校的安保带来了许许多多的问题。为了更好地完成安保工作，高校安全设施的硬件建设必须强化这几个方面：第一，完善校园监控设施的建设，保证最早发现问题，及时出警和保留证据；第二，完善校园灯光设施的建设，保证行人安全和夜晚可疑事件的发现；第三，完善校园电源管线的建设，避免乱用电器可能引发火灾的可能；第四，完善校园活动设施的建设，避免拥挤、踩踏和垮塌等现象；第五，完善宿舍防盗网等设施的建设，减少入室盗窃的概率，保护学生财产和人身安全。

3. 注重高校与公安、社会的安全合作

（1）注重高校与公安部门的安全合作

在20世纪80年代前，我国高校的保卫处既是职能部门，又是公安机关派出的代表机构。1988年4月，根据《关于在部分高等学校设立派出所实施办法的通知》文件，全国360多所高校保卫组织组建成高校公安机构。1994年4月，根据《国务院批转公安部关于企业事业单位公安体制改革意见的通知》，高校公安保卫机构不再是公安机关的基层组织，没有执法权，只是职能部门。2002年12月，根据《教育部、公安部关于加强高校安全保卫工作的通知》，重点高校派驻公安机构，但因种种原因，高校安全管理机构没有执法权。随着社会的发展，原来的高校由封闭走向开放，高校的内部和周边情况愈加复杂，高校警情已经不是原来的仅仅违反校纪校规那么简单，单纯的学校安保已经不能适应时代的要求。因此，迫切需要学校和公安部门密切合作，在建立良好沟通机制的情况下，密切配合。校纪小问题，学校处理；违法大问题，及时通报，移交公安。以学校为主导，以公安为保障，还学校安宁，促社会和谐。

（2）注重高校与周边相关单位的安全合作

我国教育发展导致的现象之一就是围绕着高校周边，形成了各种服务于学生的小产业链，这些产业链包括了诸如宾馆、餐饮、网吧、商店、医药、复印、快递等社会生产和服务机构，其规模一般不大，但数量惊人。这些机构给学生的日常生活带来了很多的乐趣和便利，但我们也应该清醒地认识到，在提供这些便利的同时，一些不利于学生和校园安全的隐患也在这里面滋生，比如学生夜不归宿问题、学生上网问题、学生抽烟问题和学生饮酒问题等，这些问题进而有可能会上升到更严重的问题。这些问题的解决与否，既影响着学生的安全、学校的声誉，也影响着这些社会机构的生产和生活。因此，在安全方面加强学校与这些机构的联系与合作，有利于减少警情隐患。第一，学校加大对周边区域各机构的安全宣传，可以利用书信、海报、网络等手段，形成大家都愿意营造安全的氛围，因为只有学生安全，才是大家共赢的前提；第二，密切学校与周边各机构的联系，可以通过电话、网络、微信、传单等手段保障联络，发现问题，及时通报，及时解决。

总之，高校校园安全，是学生正常学习的需要，学校顺利运转的前提，社会和谐稳定的保障。为了能够创造出大家都满意的结果，高校的安保及各部门任重道远。通过对近四年警情统计的具体分析,发现其在案发时间、案发地点、案发事由上的典型特征,掌握这些事件产生的原因和规律,可以使安保工作更具有针对性,为下一步的高校安保工作提供具有实际意义的借鉴,助力高校校园安全工作迈上一个崭新的台阶。

(作者简介:高东明,男,潍坊学院马克思主义学院讲师)

后 记

马克思主义是关于自然、社会和思维发展的一般规律的科学体系。"马克思主义揭示了事物的本质、内在联系及发展规律,是'伟大的认识工具',是人们观察世界、分析问题的有力思想武器;马克思主义具有鲜明的实践品格,不仅致力于科学'解释世界',而且致力于积极'改变世界'"。马克思主义自诞生以来就始终"占据着真理和道义的制高点"。① 中国革命、建设和改革的历史与现实反复证明,马克思主义只有与中国具体实际相结合,实现马克思主义中国化,才能具备勃勃生机与活力。

中华民族拥有数千年的文明史,创造了灿烂而辉煌的华夏文明,在人类历史上发挥了重大的作用。然而,进入近代以来,中国经历了百年的内忧外患,无数中华儿女加入到救亡图存的洪流之中,先后经历了农民革命、资产阶级改良性质的戊戌变法、资产阶级革命性质的辛亥革命,最终都以失败告终。最终,中国人民选择了中国共产党,选择了马克思主义。在马克思主义的指导下,中国开启了新的革命征程。

马克思主义中国化就是把马克思主义基本原理同中国具体实际和时代特征结合起来,运用马克思主义的立场、观点、方法研究和解决中国

---

① 《在哲学社会科学工作座谈会上的讲话》,北京:人民出版社2016年版,第9—10页。

革命、建设、改革中的实际问题；就是总结和提炼中国革命、建设、改革的实践经验，从而认识和掌握客观规律，为马克思主义理论宝库增添新的内容；就是运用中国人民喜闻乐见的民族语言来阐述马克思主义理论，使之成为具有中国特色、中国风格、中国气派的马克思主义。

中国共产党自成立以来，一直探索将马克思主义同中国革命相结合的道路，并取得了一定的成果。然而，前进的道路并不总是一帆风顺的，在总结经验教训的基础上，中国共产党人逐渐探索出一条符合中国国情的正确道路，并开启了改革开放建设国家的新征程。

随着中国特色社会主义建设进程的推进，充实和丰富了马克思主义中国化的经验。马克思主义指导下的经济建设经验、文化建设经验、社会建设经验、生态环境建设经验、高校建设经验是对马克思主义指导下的中国建设经验的丰富和发展。对这些经验进行系统概括和总结具有重要的理论意义和现实意义。